换一条赛道，
变现

个人版

[日] **黑田悠介** 著

杨晓琳 译

人民东方出版传媒
People's Oriental Publishing & Media
东方出版社
The Oriental Press

推荐序1　享受世界的随机性

1

播客「三五环」是我转型过程中的副业之一，我在「三五环」的第34期聊到了享受生活的随机性。虽说年龄不算大（工作十年左右），但由于经历了移动互联网的完整周期，所以我既有创业、拿了上亿融资"挥金如土"的过往，也有在大厂的铁板规则和缝隙中求生存的经验，更经历过很多次对职业成长迷茫、痛苦和难过的时刻。看着身边来来往往成千上万的"人生样本"，我的结论是：这个世界是充满随机性的，而我们能做的，就是在无尽的随机性中放松、享受。

之所以说世界是充满随机性的，是因为这世界变化的节奏和去向从来都是无法预测的。真正准确的预测只出现在科幻小说里。而任何社会的要素变迁，哪怕一粒沙，对每个人来说都是一座山。这几点在《换一条赛道，变现

(个人版)》这本书中均有论述。

2

从世俗意义上来看，商业的成功，亦即成为一名成功的企业家，是大多数人追求的。翻看改革开放后的商业历史，以及历史中围绕人的商业故事，你会发现，在勤奋、智慧和创业精神外，随机性仍然是这艘大船的第一掌舵人。

拿我更熟悉的移动互联网行业举例。我身边很多成功的高管前辈、高薪的朋友，回顾往昔，大都是以"我也没想到"和"当时做了不得已的选择"来开头的。当然，不能否定他们的能力。在快速发展的移动互联网浪潮中，他们顺势而为积累的经验使得他们没有被甩出来。只是，究竟是浪潮更重要，还是抓住浪的能力更重要，那就仁者见仁了。

对于绝大多数人来说，无法避免的是，我们面临的就是一个充满黑天鹅的环境。有的朋友在蒸蒸日上的互联网教育行业，突然行业就没了；有的朋友在做欣欣向荣的密室和剧本杀生意，转眼也被疫情搞垮了。去年还很知名的APP，今年已经宣布团队原地解散；去年还说要负责一块业务的大厂职业经理人，今年就业务调整被裁员了……

在改革开放之前，这片土地上的职业里，铁饭碗是最受欢迎的。在黑天鹅丛生的环境中，铁饭碗虽然经常被提到、经常被拿来形容很多行业，但都陆续被证伪——没有绝对意义上的铁饭碗。哪怕是公务员、外企的工作，都要面临巨大的不确定性。

在变化发生的时候，能乘风破浪的毕竟还是少数。我自己也跟大多数人一样，关心的还是如何在变化中生存。当更好的生存方式是所谓的职业转型时，我们就要规避掉学生思维里残存的老老实实上班的妄念，去调整心态，投入到新的事情中去。

3

看到过一个说法，对一个人有决定性影响的事情，一生中可能只会出现2~3次。之前在滴滴工作的时候，我的导师也是互联网的早期先驱，俞军老师也提到过，他的数字是7次。不管具体是几次（理论上也无法统计），这个次数普遍认知是很少的。

而对于大部分日常生活里细碎的决策，哪怕是这个季度的工作汇报、今年的晋升答辩，其实都不会有太大的影响。它们会让你迟半年、一年得到本来的结果，但不会有质的变化。

真正的大决策，拿我朋友们的例子，可能是这样的：

·当 2016 年有机会加入字节跳动的时候，会不会加入；

·当 2015 年有机会在杭州未来科技城买一间房子的时候，会不会贷款买入；

·当 2018 年有机会全职做 B 站自媒体的时候，会不会试一下；

·当 2014 年有机会投入全民热议的 O2O 创业时，愿不愿意放弃稳定的工作；

············

很难说在当时只要做这件事，如今就能获得更好的转型机会、更多的财富，因为毕竟还有很多负面的例子。但可以说，要想实现真正飞跃式的转型和跨越，我们特别需要依赖这些选择。它们不是充要条件，但肯定是必要条件。

《换一条赛道，变现（个人版）》中也提到了这种理念——影响我们的决策，并没有想象的那么多。我们需要的是积累与把握偶然性。

4

这本书在积累和偶然性方面的论述，让我很受启发。后面讲的诸多故事，也很有意思。这些都是对我所说这些的展开，虽然远在国外，但社会历程像平行宇宙一般，都是这一代青年人要关注并且接受的。

不过，我并不建议把这本书当成成功学著作使用。这世上并不存在成功学，我们能从他人那收获的，其实是认知和思考，不可能收获一套工具，确保我们成功。

对于大多数人的转型而言，对自己的认知、对环境的判断和最终对接下来人生的选择，才是最重要的。模仿和复制已经成功的他人的路径，没有意义，也不可能奏效。

像本书中提到的有关社区建设的大量内容，就并非是适合大多数人的"事情"。但同时，这样的故事又很有意义。它提供了一种可能性的展示，让我们知道：哦，原来还能这样做，原来我可以这样选择。

如果只知道在大厂打工这一种可能性，那人生不大可能有第二条路；如果知道三四种可能性，那就有了选择；如果知道更多的可能性，也许就能找到对自己而言最优的那个选择了。就像浪潮来临的时候，你未必是抓到最大的那个浪的人，但至少不是被浪掀翻的那个人。

我从大厂互联网产品经理的岗位离职之后，目前在同时做好几件事：既有自媒体、内容创作，又有正在雏形中的消费品牌，还有一些零碎的观察和尝试，例如开书店。

很难说我已经转型成功了，恰恰相反，我的前路也充满不确定性和随机性，我也在探索未知。只是，与以往创业不同的是，我如今很享受这种世界的随机性。它的确带来很多糟糕的反馈，带来很多挫败感和焦虑，但同时，它也能带来很多可能性，让我认识更多有意思的人，获得更多的兴奋点。

这才是生活的意义吧。也愿你能从本书中得到这样的体会，享受世界的随机性。

刘　飞

播客「三五环」主理人

前互联网产品经理

推荐序2　当我们谈论
"自由职业"时，我们在谈什么？

2018 年 2 月至今，我已经脱离固定企业，独立生存 5 年了。最开始，我想探索朝九晚五之外工作的另一种可能性，而现在，我自己注册了一家名为"自由会客厅"的公司，正式进入了"一人企业"阶段。5 年的时间里，外界对自由职业、远程办公、数字游民等新型工作方式的关注变得越来越广泛了。

2018 年想辞职的我是迷茫的。那时，市面上没有任何一本书、任何一个组织或者任何一篇文章可以告诉我"自由职业者们在做什么"，"他们是如何脱离企业独立生存的"。那时的自由职业者更像是一座座孤独的岛屿，散布在广阔无边的海面上。但不可否认，很多人对"成为自由职业者"充满了向往。

26 岁那年，我迎来了人生中第一场"工作意义危机"。我时常问自己："我难道要给别人打一辈子的工吗？我发自内心热爱自己正在做的工作吗？"也是从那时起，成为一名自由职业者的想法种进了我心里。

我在上班之余发起了一个独立采访计划"100个不上班的人",希望通过采访一个个微观的个体,去回答那个宏观的问题——"工作的意义是什么"。

后来几年,我采访了数百位处于不同阶段的自由职业者。在接触他们的过程中,我发现很多人裸辞的表面原因是"为了实现工作时间、地点的自由",而深层原因是"对人生意义和自我价值感的缺失感到迷茫焦虑"。

互联网诞生以来,科技世界高速发展,已经让人们从追求安稳的年代过渡到了更加关心"精神富足"的年代。关于"什么是好工作",旧的标准开始瓦解,新的标准"百花齐放"。相比一份工作的稳定与高薪,年轻人在意的东西变得更加多元:工作内容是否有趣,能否和同频的人共事,能否实现自我价值,是否有社会意义……

这样的背景之下,年轻人在职场频繁跳槽成了一种再正常不过的现象。当他们有一天发现跳槽也解决不了工作意义感缺失的问题时,他们对崭新工作方式的探索就开始了。

2020年,一场全球疫情的暴发,让许多企业和员工都被迫进入了远程办公状态，也让许多人被迫失业。疫情让更多人反思"人生中最重要的事情是什么"，以及"过去那种自我剥削式的工作方式是否值得"。

2022年6月6日开始，英国超过3300名上班族参与了"一周四天工作制"的实验。紧接着，澳大利亚、冰岛、日本、西班牙、比利时等诸多国家也开始计划实行四天工作制。在"四天工作制"的背后，我看见了人们对工作之外享受生活的渴望，也看见了人们对低效率上班制度的抵抗。

相比2018年，今天的社交媒体充满了"如何成为一名自由职业者"的内容。2018年我采访过的很多自由职业者，也开始被各路媒体争相采访、报道。也是从2020年开始，我成立了一个服务于职场转型人士的社群——"自由会客厅"，通过定期组织以自由职业为主题的线上、线下沙龙，让更多人看见工作的另一种可能性。

在做这件事情的过程中，我发现很多几年前在网上阅读《100个不上班的人》专栏内容的人，已经开启了自由职业的探索之路。而那些已经做自由职业几年的人，也进入了注册个人工作室、个体户的小微企业阶段。当然，也有人转型失败后再次回归了职场。无论是哪一种情况，人们对职业状态的选择都已经比 2018 年时丰富了很多。

这几年，随着越来越多的人开始关注和探索自由职业，一种新的工作方式正在诞生，一个原本小众的群体开始壮大，这种变化也让越来越多仍在职场工作的人开始提前思考在主业之余发展一门副业或第二技能的可能性。

那么，职场人应该如何转型呢？在《换一条赛道，变现（个人版）》这本书里，作者黑田悠介给出了答案。在阅读的过程中，作者的很多观点让我频频点头，想要与他隔空击掌。我和他一样认为"教育""工作""晚年"的人生三部曲已经过时，模板型的"理想人生"也不复存在，"如今是一个自己掌控自己人生的时代"。

日本已经进入了人类寿命不断延长的老龄化社会，在即将迎来的人生百年时代，我们应该如何处理好自己与工作的关系？随着世界变化的速度不断加快，我们又该如何应对外界的种种变化？

这些曾是我在 2019 年出版第一本书《只工作，不上班（20 名不上班青年的人生白皮书）》后，想在第二本书中探讨的话题。

很开心在邻岸的日本，已经有作者如此系统地梳理了一套包括职业转型在内的人生转型的方法论。在人生转型的每个阶段,书中都提供了拿起就能用的工具、表格和值得借鉴参考的案例。如果你想要实现转型却毫无头绪从哪里开始,相信这本书能帮你迈出第一步。

祝我们都能在未来更好地与工作相处,顺利地实现人生转型。

「自由会客厅」创始人　林安

在寻找心之所向的路上阔步向前

这些年来，我一直都很喜欢和人交流与职业相关的话题。职业交流做得多了，便从中发现一个问题：有些人，尽管他们所处的环境背景并无二致，其职业观却大相径庭。

明明都在同一行业的大企业里工作，有的人穿梭在一个又一个的有趣项目中马不停蹄，有的人则因为日复一日的重复作业而郁郁寡欢。还有一些自由职业者也是如此，明明大家的工作方式相差无几，有些人会通过灵活变换自己的头衔或角色不断进步，有些人则只是做着单调乏味的工作，觉得生活处处寸步难行。

难道二者之间的差异是因为性格的不同？比如，对于性格外向的人，我们会觉得他们本身就能拥有更多机会，生活的阅历也丰富多彩。但其实在性格内向的人中，也有人会不断向生活发起挑战，追求不同的人生体验。或者进一步说，有些人正因为拥有这种内向的"性格天赋"，才对自己有着更为深刻的了解与认知，从而成功完成精准的职业转型。看来，上述差异好像与性格并无太大关联。同样，和学历、年龄、性别等似乎也没什么关系。

那么，**能够做到职业转型的人和做不到的人之间到底有着什么样的差别呢？**我对此感到十分好奇。

如果这种职业转型有规律可循，并且我能将其整理、提炼出一套适用于所有人的行为标准和思维模式，或许会对一直与我进行职业交流的人们有所帮助。不仅如此，人生百年，变幻莫测，对于生活在当今时代洪流中的每一个人来说，这或许也是一块能帮助大家亲手设计出自己职业规划的指南针。出于这种想法，我决定执笔写下此书。

⬡ 新型职业观——人人都认可自己的工作方式

一言以蔽之，本书主要讲述的内容是当今时代的职业成功。不过，所谓的"职业成功"究竟指的是什么呢？是指职位步步高升，还是赚得盆满钵满？过去很多人都以这两项标准来定义成功，于是为工作鞠躬尽瘁便成了他们的奋斗标签，以公司为家的"工作狂"或"企业战士"随处可见。也正是因为这群工薪人员的无私奉献，日本在第二次世界大战结束后才得以实现战后复兴和高度经济发展。不过，时过境迁，随着劳动方式的改革，过去支撑日本的长时间劳动模式也逐渐走向了终点。现在已经有企业开始推行 4 天工作制，员工每周可以休息 3 天。虽然薪资水平会有所下降，但也能通过做副业再赚回来。除此之外，还有越来越多的人选择成为自由职业者，将自己的兴趣爱好做成事业。从昭和①到平成②，再到如今的令和③，日本的工作方式发生了翻天覆地的变化。

过去，年收入和地位的提高象征着职业成功，人们的目标就是不断"向上再向上"。但如今，随着工作方式越来越多元化，仅靠这种固定的向上箭头已经无法再衡量一个人的职业是否成功。那么，当下的我们又该如何判断自己或他人是否取得了职业成功呢？

第一个判断标准是：做自己想做的事。简而言之，即知道自己想做的事，并以此为工作努力于当下，其内心的箭头处于一种朝着自己想做的事情而不断延展的状态。第二个判断标准是：对未来有规划，即是否有明确的奋斗目标，目前的职业经历是否在为未来想要实现的事情铺路。

———————————

① 昭和：日本年号，使用时间为 1926 年 12 月 25 日~1989 年 1 月 7 日。(译注)

② 平成：日本年号，使用时间为 1989 年 1 月 8 日~2019 年 4 月 30 日。(译注)

③ 令和：日本年号，使用时间为 2019 年至今。(译注)

只要面向未来的箭头清晰明确，就代表这个人的职业发展比较顺利。

与过去人们的职业生涯中只有一个"向上"箭头相比，如今衡量职业成功标准的箭头方向越来越多样化，人生的选项也在不断增多，所以不管是"发自内心的箭头"，还是"面向未来的箭头"，它们都可以 360 度全方位延展，具体的方向也因人而异。这实乃可喜可贺之事。

不过，面对丰富多样的人生选项，有人欢喜有人愁。毕竟，不是每个人都能将自己想做的事情变为本职工作，也不是所有人都对自己设有明确的职业规划。如果一个人当下"没能做到自己想做的事""对未来没有规划"，那便意味着这个人的职业生涯就是失败的吗？

媒体总会报道各种成功者的光辉事迹，从他们的成功经验来看，他们的确在做着自己内心最想做的事，对未来也有清晰的发展路线。于是，在大众媒体的宣扬下，"应该论"甚嚣尘上，要求我们也要像那些成功人士一样，"应该遵从本心，做自己想做的事"，又或者"应该设立目标，规划未来"。可现实是我们大多数人都做不到。就连我自己也是一样，即便我写这本书时已经 35 岁了，我也不知道自己究竟想做什么，因为我的工作方式属于自由职业，所以也很难说对未来的规划有多清晰。

　　像这种只适用于部分成功人士的判断标准，对于绝大多数人来说毫无意义。**所以，我们需要一种能让大多数人都会认可自身职业的全新职业观。**这种全新的职业观具体是什么，接下来我会通过本书为大家详细介绍，同时我还会提供几种新方法，希望能帮助大家更好地处理工作，面对人生。

⬡ 无须为大众共识所烦恼

　　我于 2013 年开始参加工作，先是在 Slogan 公司做了两年职业顾问。当时负责的对象群体是大学生，每天的工作，要么是针对他们的求职或前程问题提供相关建议，要么就是在挑选公司或者举办应对人才选拔的方案讲座。后来，我于 2015 年辞职，成为一名自由职业者。在自立门户的这6 年时间里，虽然我的主业并不是职业咨询，但也一直受各方邀请去从事相关方面的工作。其间，我遇到过各种各样的客户，有公司职员、自由职业者、经营者，也有初高中学生和大学生等。从 2013 年到现在大约 8 年的时间里，我共与 2000 多人进行过职业交流。如上所言，正是因为这些宝贵的交流经验，我才意识到原来每个人的职业观各不相同，而我也对这些差异产生了浓厚的兴趣。

不仅如此，通过对话交流，我还发现**很多人都太拘囿于那些所谓的"职业成功的判断标准"**。其实在职业咨询的过程中，大家提到最多的一个问题便是"不知道自己想做什么"。其背后的逻辑都趋近于强迫性思维——"将自己想做的事情变成职业才是人生最理想的状态""必须尽早知道自己想做什么"。下至找不到未来出路的初高中生或正在求职的大学生，上到临近退休的公司职员，大家好像都苦于这些大众共识的折磨而无法释怀。

同样，"对未来没有规划"也是职业咨询中的高频句段。常见的有"我在现在的公司每天都做着同样的事，想换工作，但又不知道自己行不行"，或者"不知道我这个自由职业者还能做多久"。另外，求职的毕业生在挑选公司时，某种程度上也都想提前知道要选择的这家公司能给自己带来怎样的发展前景。"必须对未来有所规划""人生最完美的状态就是有自我职业规划，并且能按照计划一步一步向前走"……或许我们都太局限于这种思维定式了——毕竟这里也潜伏着毫无价值的"应该论"。

不过，交流过程中也有意外收获。我发现有不少人虽然当下**"不知道自己想做什么""看不到未来方向"**，但他们并没有因此而愁眉苦脸，反倒保持着一种乐观心态，在各方面都积极主动地探索实践。

与他们深入沟通后，我的思想观念也发生了一些改变。"不知道自己想做什么"乃生活之常态。其实，只有一小部分人对自己想做的事了如指掌，大多数人对此是毫无头绪的。所以即便我们现在不知道自己想要做什么，也不必太过焦虑。人生数十载，只要多尝试，多体验，总会在过程中找到心之所向，待找到后再做职业转型，一切便是水到渠成。因此，与其纠结于"不知道自己想做什么"，不如"在寻找心之所向的路上阔步向前"。

同理，我们也无须为"对未来没有规划"而感到失落沮丧。就算是我，也不知道3年后自己在做什么，也没有哪个人会说自己能将职业前景看得一清二楚。世界瞬息万变，我们自身也在不断变化，所以出乎意料的事比比皆是。与其担心未来，不如把握现在。做好眼前的每件事，为未来打下基础才是上上策。待时机成熟后，我们顺应未来社会的发展趋势，以自己得心应手的方式再进行职业转型也未尝不可。

因此，我们不用担心"对未来没有规划"，要相信"即便看不到未来前景，一切也都没关系"。

◆ 经验造就的"积累"和"偶然性"——实现职业转型的关键要素

不管怎么改变，我们最重要的目标是"职业转型"。如果做好了时刻都能职业转型的准备，一旦找到自己想要做的事，就能立刻选择着手；哪怕对未来没有规划，也能很顺利地适应现状，不断开拓自己的职业道路。

如果想要转换职业，我们需要做哪些准备呢？我认识一些很有趣的人，他们有的是我的工作客户，有的是我主管社区的成员伙伴。这些人都完成过多次个人职业转型，人生经历可谓丰富多彩。参照他们的做法，我又领悟到许多新的道理。每次我问他们怎么才能实现职业转型时，他们都特别谦虚，开口来来回回都是那几句话，"只是碰巧而已"，"运气比较好"。或许"偶然性"也是职业转型中的重要因素吧。当我以此为基础，再往深处挖掘时，我才发现原来他们每个人都饱经历练，积累了很多人生经验。**"积累"和"偶然性"**虽然是两个看不见摸不着的抽象词语，但我认为它们才是职业转型的关键所在。

那我们究竟要经历什么，积累什么，又要怎样使用这些经验帮助我们成功转型呢？针对职业转型的一系列流程，本书以我的亲身经历、多样的采访内容，以及心理学和社会学等专业知识为基础，系统总结出了"人生转型"这一概念。"人生转型"是一种思维方式——**将过去经历打造的沉淀积累作为立脚点，一步一步稳扎稳打，继而向新的职业领域迈出坚实的一步。**

通过活用"人生转型"的思维方式，我希望那些对目前工作感到不满的朋友都能顺利摆脱当下的困境。当然，对现状还比较满意的朋友们如果想对心仪的目标发起挑战，"人生转型"也能助一臂之力。

接下来，本书将会介绍以下内容：我们需要通过工作经验沉淀**"三大积累"**。要想完成"三大积累"，**"六个动作"**最为有效。只要在目前的工作中稍微投入点精力，任何人、不管从什么时候开始，都能做到这六个动作。无论当下身处什么状态，只要亲身实践，都会有所收获。不仅如此，在我们付诸行动后，这些动作还会引发一系列连锁反应，帮助我们随时随地都能实现职业转型。如果能有越来越多的人因为阅读本书而学会掌控自己的职业发展方向，这对我来说将是莫大的荣幸。

本书第1章主要针对"人生转型"已成为当今社会必不可少的思维方式这一点作背景说明。现如今，人生的游戏规则在不断变化，为职业发展提前制定好路线的思维习惯已经无法再为游戏通关发挥效用。第 2 章主要介绍将人生转型付诸实践的具体过程，比如我们应该从经历中获得什么，又如何将其运用到人生转型的实践中等。第 3 章和第 4 章将对促成人生转型的具体动作和思维模式进行详细说明。第 5 章主要介绍反复进行人生转型后的未来工作方式。

人生百年时代，社会飞速发展，一个工作时间会长达半个多世纪的时代即将到来。地图时刻被刷新，指南针也会随时变换方向。要想在这个瞬息万变的时代中不断前行，"转型"的力量必不可少——一步一个脚印的节奏虽慢，但我们始终都能稳步向前。

如果这本书能有幸成为各位读者朋友迈出的第一步征程，我将欣喜万分。

黑田悠介

目 录

第**1**章

为何需要人生转型?

游戏规则已经改变

从昭和到平成，我们的人生一直都是简单的"三部曲"——先上学接受学校"教育"，毕业后又"工作"数十载，最后再迎接祥和的"晚年"生活。在工作阶段，我们结婚生子、买下自己的房子和车子。很多人都觉得能按部就班地完成这些事便是人生最"理想"的状态。彼时的人生就像是一个双陆棋①盘，上面只有一条直线，而我们也早已将这条通往终点的路线收于眼底，剩下的不过是按照框格一步一步前进罢了。加上日本战后复兴和经济发展这两大目标，更让我们坚定了这就是我们要追求的理想生活。

然而，泡沫经济崩溃后，由于经济发展停滞不前和人口减少，上述目标已经无法再适用于当今社会。社会体系更加成熟，人们必须用经济发展之外的其他标准来重新审

---

① 双陆棋：起源于埃及或印度的一种室内游戏（西方双陆棋起源于埃及，东方双陆棋起源于印度），因棋盘左右各有六路，又名"双六棋"。奈良时代以前由中国传入日本。(译注)

视社会的理想形态以及自身的生活方式。

不仅如此，人们的价值观也发生了转变，大家不再单纯地追求物质富裕，还开始重视精神的富足。精神富足的概念也因人而异。和谁一起度过人生、做什么样的工作、把时间花费在什么地方……我们开始根据自我喜好，从多种多样的选项中选择最适合自己的生活方式。

大家逐渐放弃了墨守成规的生活方式，那些曾被视为理所当然的结婚生子也不再是所有人的必选项。过去大家向往的房子、汽车在逐渐被共享住房、共享汽车所取代。动画片《海螺小姐》① 中的家庭结构曾一度被当作日本国民家庭形象的代表，现在也变得不多见了。越来越多的人选择创业或多重职业，一生只供职于同一组织的人也越来越少。

我认为，生活方式多样化是一件可喜可贺的事情。然而，变化通常都会伴随焦虑。"我能跟上时代变化的脚步吗""为什么我们公司没有任何变化呢""我看不到自己的未来""面对铺天盖地的信息，我该相信哪个呢"……我平

---

① 《海螺小姐》：1969 年在日本上映的山岸博执导的动画影片，日文名为サザエさん。（译注）

时接待过很多来咨询职业问题的人,从他们身上隐隐约约都能感受到这种焦虑情绪。

社会在实打实地发生变化,然而从昭和到平成期间所形成的体系、价值观等却一成不变,这应该就是焦虑的根源所在。比如,我们在退休之后会失去工作的地方,也会失去自己的价值和收入来源。招聘的时候,用人单位都比较看重学历,那些中学毕业生、高中毕业生以及中途从大学退学的年轻人便会受到方方面面的限制。他们很难在职场、家庭以外的社会群体中找到立足之处,这也意味着他们很难发现全新的自己。我们被灌输的价值观导致我们拥有过剩的责任意识,觉得自己不能给别人添麻烦,也不能失败。于是在这种背景下,我们进入了一个过渡阶段:虽然内心充满焦虑和不安,但仍在摸索全新的生活方式。曾经的人生"三部曲"——"教育""工作""晚年"也在逐渐发生变化。"教育"的形式开始多元化,在漫长的人生中,我们可以多次变换"工作",即便到了"晚年",也可以通过不同的方式融入社会。

所谓大家公认的"理想型"人生道路,现在已经不复存在。**如今是一个自己掌控自己人生的时代**。人生这个双陆棋盘上的路线不仅开始变得曲折，还出现了很多岔路口，我们很难判断自己的未来会走向何方。或许人生早已不再是一个双陆棋盘。我们如今面对的是一种蜂窝状结构的棋盘，每个人都是上面的棋子。棋盘上布满了无数个六边形的框格，我们可以选择任意方向作为自己前进的目标。所谓人生，就是自由游走于这个棋盘之上的一场游戏。

我们每前进一步，**生活方式便会因为换工作或者自立门户等形式而发生转变**。按照以前的"理想型"人生道路，我们径直走几步就能到达终点，生活轨迹平凡又简单，而现在我们描绘的人生轨迹则更为复杂，步数多，路线也更迂回曲折。

那我们为什么必须不断向前，不停地变换生活方式呢？以及我们要怎样选择下一个框格呢？还有，要想把这场看不见终点的游戏玩下去，我们又需要一种什么样的思维方式呢？本书将为大家一一解答这些问题。我会在其中穿插一些自己的真实经历，希望能向大家传达一种职业观——在变成白发苍苍的老人之前，我们都有机会变换工作，进行职业转型。

接下来，我们先思考一个问题：我们为什么要不停地变换生活方式？简单来说，是因为现在同时出现了三种现象：①寿命延长；②生活方式的变化频率加快；③世界变化的速度加快。

⬡ ①寿命延长

有一个词叫作"百岁人生"（The 100-Year Life）。我2021 年开始编写本书，算年纪，当下正好 36 岁，按照人均预期寿命计算，我还能活 46 年。不过我的生活方式不太健康，所以如果还能再活 40 年，就算是非常走运了。这样一算，我的人生总共大约有 75 年。如此想来，"百岁人生"是不是与现在已经成年的人毫无关系，只和小孩以及将来出生的人有关呢？我觉得并非如此。人均预期寿命说到底只是厚生劳动省根据以过往数据制作的生命表计算得出的数值。然而对于我们身上蕴藏着对未来的无限可能，这些过往数据都一无所知。今后，AI、VR 以及机器人科学等领域还会涌现出全新技术，卫生、医疗、生物技术领域也会发生重大技术变革，所以，对于未来而言，一切皆有可能。

比如，可以通过内置摄像头把控食材状态的冰箱，能够根据个人偏好以及健康状况提供餐食的 AI 智能厨房，通过合理的通风换气以及对湿度、室温的维持，使人体远离病原菌侵扰的 AI 空调系统等，都有望走进千家万户。到那个时候，人类的寿命会进一步延长，**哪怕现在已经是成年人，说不定也会赶上即将到来的人生百年时代。**

本书面向的对象是全年龄段的读者，所以 2007 年出生、2021 年刚好 14 岁的朋友们可能也会读到。据因《Life Shift：百岁时代的人生战略》（东洋经济新报社，2016 年）一书而蜚声海内外的琳达·格拉顿（Lynda Gratton）教授所言，现在 14 岁的这些小读者有 50% 以上的概率能活到 107 岁。他们将怎样度过今后 90 多年的人生呢？真是无法想象。

在日本，人生百年时代的到来可能还会加快少子老龄化的进程。少子老龄化的问题在于"提供支撑的人口"减少，"需要支撑的人口"增多。这种不平衡会给"提供支撑的人口"造成经济和精神上的双重负担。所以，为了消除这种不平衡，退休年龄被不断延长。

根据日本从 2021 年 4 月开始实施的《老年人就业稳定法（修订版）》，只要本人有工作意向，就可以工作到 70 岁。今后退休年龄可能还会延长至 75 岁，甚至最后连退休这种概念都有可能消失。这就意味着，**我们的工作时间将会长达近半个世纪**。而且，假设退休年龄被定为 75 岁，即便我们 75 岁以后才进入养老阶段，距离 100 岁也还有 25 年的时间，相当于人生的四分之一长度呢。

如果我们无所事事，这个阶段就会显得格外漫长，另外，要想维持生活，金钱必不可少，所以就会出现一个必然趋势——很多人在 75 岁以后仍会选择继续工作。

据说，在保障退休人员继续在原单位工作的继续雇佣制度中，退休后的工资相当于退休前的 50% ~ 70%。而且，雇佣形式一般都是合同工，每年都要签订为期一年的合同。这种退休后的工作方式最长也就能维持几年时间，之后原单位会终止合同，不会再续签，所以这不能算作一项长期收入。如果脱离了继续雇佣制度，一般也就只能打打廉价的零工，并且可选择的工作范围也十分有限。

也有人会想："既然这样，为了保障我的晚年生活，我从现在开始存钱。"不过，到底存多少才算够呢? 这个问题恐怕没人能给出一个明确答案。与其如此，倒不如趁着年轻，**根据自己实际情况灵活转换职业，即便到了晚年，也知道随机应变，为自己创造新的可能性**。这样不仅会让人生变得更加充实，还会延长身心健康的时间（即健康寿命），对晚年经济问题的担忧也会减轻不少。

未来，我们将更加长寿，工作的时间也会更长。所以，无论生活方式改变多少次都不足为奇，再结合下文马上提到的"生活方式的变化频率加快"这一因素的影响，便更加见怪不怪了。我们越来越长寿，生活方式却越来越"短命"了。

◇ ②生活方式的变化频率加快

以前有个词叫作"职业规划"，主要内容包括进入公司后打算如何积累经验，今后想要成为什么样的人才等。有时面试者会在面试现场遇到这个问题，有些公司在员工入职后还会专门组织培训活动，让员工学习如何制定职业规划。用人单位对面试者提出这个问题其实是有前提条件的，即面试者在入职后，将一直供职于该公司——这也是"职业规划"的特征属性。

员工入职后，先在所属部门提高自身能力，积攒经验，然后被调到自己的理想部门继续大显身手，最后再晋升为管理层，这种直线型（并且整齐划一）的发展模式便是职业规划下的典型模式。在缺少变动的时代，人们总能提前做好长期规划，在必要时刻采取必要行动。但如今我们已经步入 VUCA 时代①，再依靠类似职业规划的长期计划工作生活，难免就有些落伍了。

其标志之一便是最近出现了一种被称为 **"职业漂流（Career Drift）"** 的观念。神户大学研究生院经营学研究科的金井寿宏教授曾在 2002 年编著的《职场人士职业生涯设计》（PHP 研究所）中介绍过这种理论。"Drift" 的意思是漂流。这种观念主张大家**将自己委身于形势的洪流中，随形势而动**，而并不是像制定职业规划那样，让人们提前描绘好未来的模样。

当然，倘若一直随波逐流，不知道自己的目的地在哪里，我们内心必然会感到焦虑不安。对此，"职业漂流" 给出的解决方案是，只有在人生重要节点时，我们需要认真考虑职业发展方向，回顾过去，展望未来。除此之外的其他时候则无须拘泥于规划，大胆放手去做，根据现实情况

———

① VUCA 时代（乌卡时代）：VUCA 是 Volatility（易变性），Uncertainty（不确定性），Complexity（复杂性），Ambiguity（模糊性）这四个单词的首字母缩写，经常被用于描述现代社会。

灵活应对，反而能顺利穿过变化所带来的惊涛骇浪。与职业规划相比，"职业漂流"对变化的包容性更强，在这种观念指导下，我们体会到的变化会更丰富，同时经历的职业周期也会更短暂。就我自己而言，我每隔两年就会变动一次，或转职，或创业，或自立门户等。

如今，个人的职业发展越来越难规划，企业也面临着同样的难题。企业不仅寿命越来越短，只能以项目为单位推进工作，同时还要面对瞬息万变的各种情况。即便提前做好了缜密的职业规划，一旦企业倒闭或被收购，这些计划都会随之化为泡影。虽然有些公司能屹立不倒（没倒闭或没被击垮），但即便我们身处其中，也逃不过裁员或劳动环境方面的其他变动。

况且，人生总是充满意想不到的"惊喜"。比如，2020年的东京奥运会被迫延期，各店面的厕纸一下子被抢购一空，让人不禁联想起了第一次石油危机，还有口罩价格暴涨等，这些情况谁又能提前预料到呢？在COVID-19的影响之下，很多人不得不更改自己的职业规划。虽然确实有一部分人因为远程办公的推广而获益，但也有许多人深受远程办公工作模式的困扰，有人甚至丢了工作，有人只能眼睁睁地看着换工作的大好机会从眼前溜走。

在 VUCA 时代,职业的流动性、前路的不确定性,<u>以及企业寿命的缩短都会给个人带来巨大变化,人们生活方式的变化频率也在加快</u>。

不仅是职业和企业在变化,作为个体本身,我们也在不断改变。在积累各种各样的经验的过程中,我们的兴趣爱好和想做的事情都会发生变化。除此之外,合作关系也会有所不同,当孩子出生或家里有人需要我们照顾时,我们也必须在过程中不断调整自己以适应各种变化。

日本是一个多灾害国家,地震、水灾、传染病都会引发价值观的变动。很多人都以这些具有冲击性的事件为契机,开始创业或自立门户。像这种"自身"的变化以及生活方式的转变,我们很难提前预料到。

③世界变化的速度加快

近年来,事物变化的速度越来越快。透过一篇名为《获取 5000 万用户所需时间》的文章,我们可以从数据中充分感受到,那些改变日常生活的技术革新究竟是以什么样的速度渗透到我们生活中的。

"飞机 68 年；汽车 62 年；电话 50 年；电力 46 年；
信用卡 28 年；电视 22 年；ATM 18 年；电脑 14 年；
手机 12 年；互联网 7 年；ipod 4 年；YouTube 4 年；
Facebook 3 年；Twitter 2 年；Pokemon Go 19 天"

（出处：神田敏晶　Yahoo! 新闻　https://news.
yahoo.co.jp/byline/kandatoshiaki/20180910-00096323/）

正因为有手机和互联网的助力，Pokemon Go 才得以迅速普及，类似这种过去的技术革新为后续创新提供支持的案例比比皆是。由此可见，**连锁革新**是变化速度加快的原因之一。

一方面，随着**全球化**的发展，世界各个部分都在慢慢连成一体，任何一个地方发生变化，远在千里之外的其他地区也会随之变化，这样的例子并不少见。比如，Black Lives Matter 运动通过 SNS（社交媒体），一夜之间发展成了全球规模的运动。再比如，COVID-19 在世界范围内的蔓延也证明了在全球化形势之下，人与人之间的联系究竟有多紧密。只要全球化带来的过剩联系以及刚才提到的连锁革新仍在持续，变化的速度就不可能减缓。

但另一方面，世界变化过于迅速，意味着它背后堆积着无数次"制作—使用—废弃"的过程,该过程又给地球环境造成了沉重的负担,这也是不争的事实。出于反思,今后各行各业应该会在减速的基础上,继续寻找企业或行业的生存之道吧。这种反思可能会使社会发展不得不**减速**,但无论是加速还是减速,当前世界范围内的变化都不会停止,对我们造成的影响也不会间断。

◇ 为即将到来的转变做好准备

如上所述,我们生活在这样一个时代:

①人的寿命变得越来越长;

②生活方式的变化频率在加快;

③世界各方面变化的速度也越来越快。

所以,想仅凭一种或两种固定的生活方式来度过一生简直难如登天,不断改变生活方式才是当下理所当然的生活之道。在这种情况下,即便对工作或人生计划得再缜密也毫无意义,毕竟计划不如变化快,我们不得不经常调整方向,改变计划。因此,对我们而言,制订"计划"事小,最重要的是**要做好能够应对所有变化的"准备"**。人生漫漫，变化无常。变化可能发生在 1 个月之后，也可能发生在 5 年之后。虽然不知道变化什么时候来，但我们先假定它一定会来，并按照这个标准着手准备工作，只要我们准备周全，无论发生什么样的变化，都能靠改变生活方式来调整适应。

不过，虽说要做"准备"，但也不是要让大家把想做的事情和所有娱乐活动都延后。因为我们"可能会活 100 年，也可能明天就离开人世"。如果真的不幸在不断"延后"的过程中死去，我们肯定会抱憾终生，因为还有许多事情没有完成，死前也会追悔莫及。所以，我的建议是**及时行乐，一边体会人生滋味，一边进行准备工作。**

那么，我们究竟要做哪些准备呢？接下来，我将重点就工作方式及职业发展进行说明。你，做好职业转型的准备了吗？

如何做到"随时都能转型"?

◇ 将经验的珠子"串起来"

一提到为职业转型做准备，有的人只会想到修改简历上的工作经历或者考取资格证书。但是仅靠这些并不能实现职业转型。这里我想引入一个重要的观点——**过去经验的不经意串联，有时候能为未来带来全新的可能性**。这个观点同样适用于职业生涯，即借助工作经验来实现职业转型。

苹果公司的创始人史蒂夫·乔布斯将这一观点表达为"Connect The Dots"。他在2005年6月12日举行的斯坦福大学毕业典礼上曾提到过这句话。但是，这句话经常被误读。为了避免大家产生误解，接下来我会做具体说明。

这句话并不是告诉大家要"提前做好各种准备，以备将来使用"，也不是说让我们提前考取资格证，以备不时之需。他要表达的意思恰恰相反。乔布斯在演讲中说："虽然你现在可能看不见未来，但在未来的某个时刻，**当你蓦然回首时，会发现这个'未来'便是你曾经所走过的点点滴滴，你的所作所为。**"

也就是说，我们无法提前预知什么样的经验会对未来有所帮助（什么样的点滴会连接到一起）。所以，不要执着未知的问题，更重要的是我们**要坚信自己现在走的每一步都是在为未来铺路，专心做好眼前事，努力工作，**这才是"Connect The Dots"的真正含义。乔布斯自己过去也经历过各种各样的事情，从中总结出了许多经验。正因为有这些经验（Dots）的积累，他才会"Connect The Dots"，创造出"iPhone"。以下是我摘录的部分演讲内容①。

> You can't connect the dots looking forward; you can only connect them looking backwards.
>
> 虽然你现在可能看不见未来，但在未来的某个时刻，当你蓦然回首时，会发现这个"未来"便是你曾经所走过的点点滴滴，你的所作所为。

---

① YouTube – Stanford "SteveJobs' 2005 Stanford Commencement Address"（https://youtube.com/watch?v-UF8uR6Z6KLc）

So you have to trust that the dots will somehow connect in your future.

所以你必须相信，这些点点滴滴都会在未来以某种形式串联起来。

You have to trust in something – your gut, destiny, life, karma, whatever.

你必须相信某些东西，不管是什么——直觉、命运、人生、因果报应等，一切都可以。

Because believing that these dots will connect down the road, would give you the confidence to follow your heart; even when it leads you off the well-worn path. And that will make all the difference.

因为相信这些点滴的串联能为未来开辟道路，这种信念能给予我们忠于自我的信心。即便你的选择和大多数人不同，你也无所畏惧，充满自信。不仅如此，它还会让你变得与众不同。

大家**现在认真工作的经验也属于"Dots"**。只不过我们不能漫无目的地埋头工作，而是应该对自己的经验加以分析，有意识地为后面将要讲到的"人生转型"积累必要的资本，这对职业转型来说也是不可或缺的一项环节。如此一来，大家就可以利用自己积累的"Dots"完成"Connect The Dots"的动作，从而为职业生涯带来全新的可能性。我本人也曾有过"Connect The Dots"的经历。

⬡ 体会"Connect The Dots"的瞬间

回头看看自己走过的路，我发现，虽然我的职业生涯看似单调，但也并非一直固定在某一个专业领域。每换一次工作，我的业务范围或者职位就会发生一些变化。我大学毕业后去了一家市场营销公司工作。在调研部门工作了半年后，便被分配到了当时的新业务部门。在调研部门工作期间，我掌握了数据分析和制作资料等技能，同时也从公司前辈那里学到了市场营销的相关知识。此外，通过在新业务部门工作的两年时间，我对项目的统筹规划、推动新业务发展的总流程等又有了更加深刻的了解。

像这种经验方面的积累，与其说是在为转职做准备，倒不如说是适应当时工作的必然结果。不过也多亏了有这些经历，我顺利转职到了第二家公司。第二家公司十分欣赏我在第一家公司积累的经验，尤其是在新业务部门时获得的经验。

第二家公司是一家为休闲设施提供预约系统的风投企业。这家公司为了开拓新业务，决定成立一家子公司，希望聘请我做子公司的董事会总经理。虽然我从没想到过有一天能成为一名经营者,但我认为这是一次非常宝贵的机会,于是便欣然接受。正因为我在第一家公司**积累了新业务的相关经验(Dots),才开拓出了新的可能**。这个瞬间让我彻底体会到了"Connect The Dots"的含义。

我从经营这家子公司(第三家公司)的过程中也学到了很多。虽然经历了多次失败,但也让我认识到了沟通交流的重要性。依靠单方面地下指令并不能让员工好好工作。如果指令与他们的设想不符,他们就不会认可。他们不认可,便不会满怀热情地对待工作。

要想和员工建立信赖关系,改变他们的行动和态度,沟通交流不可或缺。另外,当时在风投企业工作的优秀年轻人才非常少。出于各种原因,这些人才都会选择去系统机制更加完善的大企业工作。如果能有更多的优秀年轻人才选择这些具有发展潜力的行业和事业,整个社会应该会变得更有活力,也更加有趣吧,这也是我成为风投企业的经营者后的一个感受。**类似这样的问题意识和俯瞰全局的视角也算是一种经验积累(Dots)**。

第四家公司是人才方面的企业。作为一名经营者,我在意识到某些问题后，选择离开自己的公司，成了一名职业顾问。我告诉很多年轻的优秀人才，风投企业完全可以作为他们的就职选项。正因为我曾经是一名经营者，拥有"人才相关的问题意识"和"交流经验"，我才能开拓这种可能性。这对我来说又是一次"Connect The Dots"。我基本上每天都会和学生交流找工作、职业发展等相关问题，过程中我开始思考自己的工作方式，渐渐对从没有尝试过的自由职业者产生了兴趣。这种发现自己兴趣所在的**"自我理解"也算是一种经验的积累（Dots）**。经过一番"自我理解"之后，我选择自立门户，成为一名自由职业者。不管是作为经营者，还是职业顾问，我都在其中积累了沟通交流的相关经验，得益于此，我才拥有了新的身份——讨论伙伴，即与人探讨问题的对象。

回顾起来，我对自己职业生涯中的"Connect The Dots"有了更深刻的体会。通过工作积累的经验仿佛念珠一般，慢慢地串联在一起。最重要的是**要认真对待眼前的工作，对自己的经验加以分析，有意识地为后面将要讲到的"人生转型"积累必要的资本**。过去的经验积累可以为我们提供新的职业可能性，而在新的职业中，我们又将会积累更多的经验。如此往复循环、不断积累,不管我们身处哪个年龄段,都能拥有进行职业转型的资本,选择全新的职业未来。

综上所述,我们可以认识到,如今人生的游戏规则已经发生改变,为了适应这个规则,职业转型是我们的必经之路。不仅如此,要想实现职业转型,工作经验的积累和经验的连锁反应也不可或缺。不过在职业转型中,还有一个至关重要的因素。那就是"偶然性"。

⬡ 八成取决于偶然性

偶然性会给我们的职业生涯带来很大影响。斯坦福大学教授约翰·克朗伯兹(John D. Krumboltz)(当时的职称)等人曾在 1999 年提出了一个职业理论,名为"有计划的偶然性理论",不知大家有没有听说过。这项研究显示,**个人职业生涯八成取决于意想不到的偶然性。**

以公司职员为例。一名公司职员,被分配到什么样的部门,和什么样的上司一起工作,多数情况下都不会凭他的意愿决定。另外,无论他的业绩有多好,如果得不到合理的工作评价,既不能晋升,也无法按照自己理想的工作方式来工作，而且，在实际的工作过程中，他的兴趣、关注的领域也会不断发生变化。虽然这个例子是在讨论公司职员，但经营者和自由职业者也同样如此。在各种各样的环境变化、与工作伙伴之间关系的变化等偶然因素的影响下，他们也会改变自己的职业方向。

我自己也有过做公司职员、经营者、自由职业者的经历，所以对"个人职业生涯八成取决于意想不到的偶然性"深有体会。在我经历"公司职员→公司职员→经营者→公司职员→自由职业者"这一系列变化的过程中，可以说在每个职业转型的节点上，都有偶然性在发挥作用（就我个人而言，对我影响最大的偶然性是与人的相遇）。

但是，有计划的偶然性理论并不是告诉我们"职业生涯是由偶然性决定的，所以顺其自然就好"。假如真是这样，直接命名为"偶然性理论"还更准确。但它的意思并非如此，而是主张我们应该**有计划地把偶然性变为自己的伙伴**，所以才被命名为"有计划的偶然性理论"。具体是指什么意思呢？偶然性产生的作用不固定，时而积极，时而消极。我们不知道它究竟会偏向哪一方，毕竟它可是偶然性。不过，如果我们能选择趋于积极一方的偶然性，避开趋于消极一方的偶然性,那它就很可能会给我们带来好的结果。

比如说,我们同时收到了两场酒会的邀请,这两场酒会都在同一天举办。其中一场去的都是我们的熟人,而另一场去的都是平常没有什么机会见到的人。无论是哪一场酒会,我们都无法预知将会发生什么样的偶然情况。但是,显然后者会更容易发生积极偶然性事件。我们很可能会在那里邂逅一些新的友人,或者有些新的发现。由此可以看出,"有计划的偶然性"主张大家采取更有可能发生积极偶然性事件的行动。

具体我们要采取什么样的行动,才会更容易发生积极的偶然性事件呢? 克朗伯兹教授表示:"幸运绝非偶然!"他认为,采取的行动应具备以下五个特征,这一点非常重要。

①好奇心"Curiosity"

就像刚才两个酒会的例子一样,总之先抱着对陌生场合和新机遇的好奇心去参加一下。总是和熟悉的人待在熟悉的地方,很难会发生积极的偶然性事件。

②持续性"Persistence"

即便我们凭借好奇心开始进行新的尝试，也不代表马上就会遇到偶然性事件。当我们全身心地沉浸一段时间后，便能了解其中的乐趣，掌握一定的技能，建立起人脉网。

③乐观性"Optimism"

如果心态过于悲观，就算怀有好奇心也无法遇到新的机会。只有心态足够乐观，相信"车到山前必有路"，才能拥抱新的变化，甚至欣然接受那些不可避免的变化。

④灵活性"Flexibility"

一旦开始就应该坚持到底——这种近乎执念的想法会限制我们的视野，使我们错过眼前的变化和机会。持续性固然重要，但也不能忽视灵活性。灵活性可以帮助我们适应各种变化和机会。

⑤冒险精神"Risk Taking"

在新的机会和变化面前，凭借以前的经验做出的推测——"这样做就会发展成那样"——将全部失效。尤其机会越大，我们越不知道前方会发生什么。在这种无法预测的情况下，敢于挑战风险的冒险精神必不可少。

以上五个特征会将有计划的积极偶然性事件吸引到我们身边。虽然这是 20 多年前提出的理论，但我认为在当今社会仍然有效。要想开拓新事业，**不仅需要通过工作积累经验，还需要将偶然性变为自己的伙伴。**

现如今，随着互联网的发展，世界似乎变得更加宽广了。但实际上，很多人都只关注自己感兴趣的事情，沉浸在自己的小世界中。而且，在 COVID-19 的影响下，虽然远程会面、线上活动有所增加，但也有人担心大家闲聊的机会因此而减少。闲聊中蕴含着偶然性，可如今聊天慢慢转为线上，人们聚在一起"东拉西扯"的机会越来越少了。如此看来，在当今这个时代，有计划的偶然性理论似乎变得更为重要了。

何为"人生转型"

◆ 积累和偶然性促成职业转型

如果相信偶然性的作用，我们就无法制定未来几十年的职业规划并且按计划采取行动。比如说，即使公司里有自己的目标职位，但最终得到那个职位的可能是其他某个人，也可能职位本身会被取消掉，甚至连这家公司都可能会倒闭。而且，说不定以后很多职业都会慢慢消失，被 AI 或者机器人取代。

野村综合研究所和牛津大学通过共同调研得出了一项推测结果——"2030~2040 年，日本劳动人口中约占 49%的人从事的职业可能会被人工智能或机器人替代"。该话题在当时引起人们广泛讨论。[①]

[①] 野村综合研究所《日本劳动人口中约占 49%的人从事的职业或将被人工智能和机器人替代》，2015 年 12 月 2 日新闻稿（https://www.nri.com/~/media/Corporate/jp/Files/PDF/newsrelease/co/2015/151202_1.pdf.）

到那时，整个社会可能会发生翻天覆地的变化，那些被判定为不会被替代的职业虽然不会消失，但其中一部分工作任务也将交由 AI 代为处理。例如，在这次调研中，虽然小学教师被归类为不会被替代的职业，但教师的教学内容可能会发生变化，工作任务将从统一教授教科书本上的内容变成为每个学生的学习提供帮助，作用更类似于引导师。

如果对将来的职业前景感到迷茫，那我们就着眼于当下。与其纠结未来应该如何排兵布阵，不如认真对待眼前的工作，不断积累经验，再借助偶然性的作用，转换到全新的职业领域。这也是乔布斯在"Connect The Dots"这场演讲中提到的重要一点。

如上所述，经验的积累和偶然性能帮助我们完成职业转型，本书将这一过程称为"**人生转型**（Life Pivot）"。

首先，我来解释一下"pivot"这个词。大家打过篮球吗，或者看过篮球比赛吗？打篮球时，经常能看到球员手持篮球，轴心脚不动，只活动另一只脚，或做出假动作，或朝传球的方向转动身体。这个动作叫作"pivot"。轴心脚叫作"pivot foot"，另一只可以自由活动的脚叫作"自由脚"或"非轴心脚"。正如字面意思所言，自由脚可以迈向任何方向。

以积累下来的经验和偶然性为轴心脚（pivot foot），我们的自由脚就可以迈向任何方向，从而实现职业转型。时而向右，时而向左，通过反复进行"人生转型"，就可以描绘出蜿蜒曲折的职业轨迹。这与之前直线型的人生双陆棋盘完全不同，每个人的职业轨迹都独具特色。

顺便一提，"pivot"这个词也经常被用来指代初创公司和风险企业的业务转型。企业在启动业务后，如果遭遇发展停滞的困境或对未来感到一片迷茫，经常会调整战略，转换方向做其他业务。

但这并不意味着抛弃一切，从零开始，而是充分利用前景、团队、过去积累下来的知识库等来开创新的业务。这种在保持轴心不变的同时进行业务转型的做法和篮球中的转身动作十分相似，所以业务转型也被称为"pivot"。

和初创公司、风险企业一样，在 VUCA 时代，我们"唯有改变，方能生存"。不过，变化也分几种方式。如果一味地盲目求变，等到 60 岁的时候可能两手空空，没有任何积累，到时候再想改变就比较困难了。这种属于"跳槽式"变化。"跳槽"这个词经常被用来讽刺那些频繁换工作的人,说到底,还是因为这些人看起来并不像是在为将来积累经验。人在单脚跳的时候,双脚都会离地,**但在转身时,轴心脚会牢牢扎在原地保持不动。**与离开脚下的地面,跳到别处的单脚跳相比,转身的移动距离的确会比较短,但人生又不是跳远游戏,看谁跳得远就算谁赢。所以我们要踏踏实实地积累经验,按照喜欢的方向进行职业转型,从而描绘出专属于自己的人生转型轨迹。和跳槽比起来,人生转型会更为稳定,且重复的次数越多,可供我们利用的资源就越多。这种转换方法无论男女老少,都能使用。

⬡ 人生转型的循环

我们可以用图 1 的公式来表示人生转型。

图1 人生转型

积累	+	偶然性	=	转换

- 积累:工作经验的积累,或者叫作"Dots"
- 偶然性:由"有计划的偶然性理论"的五个行动特征带来的积极偶然性事件
- 转换:人生转型

这是本书中最重要的公式。很简单吧?不过,要想通

031

过这个公式真正认识我们的人生，还要注意一个关键点。正如前文反复强调的那样，人生并不只有一次转换机会（也就是人生转型）。**人这一辈子会发生多次转换，而我们就生活在不断转换之中。**

在这种人生观下，与其说"转换"是终点，倒不如说它是迈向下一次"转换"的起点。这是什么意思呢？通过转换，我们可以借助新的工作积累经验，这一步算是新的"积累"，同时它又为下一次"转换"提供了新的可能。整个人生就是不断"积累"→"转换"→"积累"→"转换"……如此往复，形成循环。补充一句，"偶然性"是这个循环的催化剂。

我们用 RPG 游戏（角色扮演游戏）来打个比方吧。游戏里，我们打败敌人升级后，可以使用更多的技能，进入更多的迷宫，从而可以打败更多的敌人，通过积累经验值继续升级。"积累经验值"→"升级"→"积累经验值"→"升级"……循环往复。虽然人生转型与其相似，不过二者有一个不同点，即游戏只能向上升级，而人生转型可以 360 度选择任意方向。

"积累"和"转换"的循环是无穷无尽的。只要本人愿意，这样的循环可以贯穿一生。

至于终点会走到哪里，谁也不知道。就像一场没有剧情大纲的即兴表演剧，在没有任何人生剧本的情况下，我们拥抱着舞台上发生的各种偶然性，通过不断转换，推动人生的故事情节向前发展。

⬡ 蜂窝地图

在本章开头部分，我将人生描述成"具有蜂窝状结构、布满无数个六边形框格的棋盘"。现在我将这个比喻以"蜂窝地图"的形式画了出来，想用它来解释人生转型（参照图 2）的思路想法。

地图的用法

想象你现在就站在六边形的框格里。所在的框格代表你现在的工作方式。你工作中经历了各种各样的事情，因此手中握着"技能""自我理解""人脉网"等各式各样的卡片。或者，你通过工作之外的其他活动获得了这样的卡片。这些**卡片代表着经验积累**。

首先你要认识到，自己手里是有卡片的，这一点非常重要。日常回顾、盘点自己的工作可以帮助你有更好的认识。

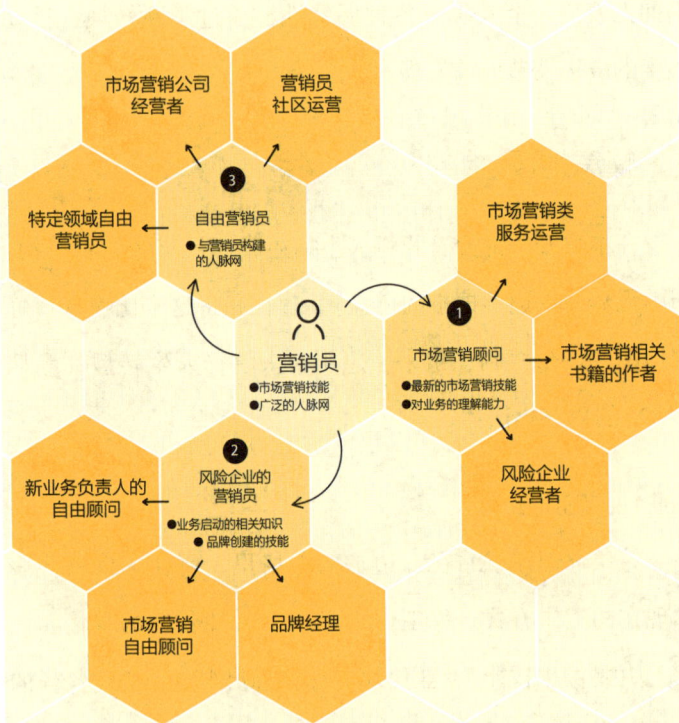

图2 蜂窝地图示例1～一个在某企业做营销员的人～

市场营销公司经营者

营销员社区运营

特定领域自由营销员

自由营销员
❸
●与营销员构建的人脉网

市场营销类服务运营

营销员
●市场营销技能
●广泛的人脉网

市场营销顾问
❶
●最新的市场营销技能
●对业务的理解能力

市场营销相关书籍的作者

新业务负责人的自由顾问

风险企业的营销员
❷
●业务启动的相关知识
●品牌创建的技能

风险企业经营者

市场营销自由顾问

品牌经理

※ "●"代表在这个框格里能够获得的卡片。每前进一格，颜色就会加深。

**凭借这些卡片，你可以移动到任何一个相邻的框格
(新职业)**。比如，如果你在某家企业做营销员，有一张
"市场营销的技能"卡片，那么你可以①去为客户提供市场
营销服务的公司做顾问，也可以②去风险企业做本公司产
品的营销员。当然了，你应该还有其他卡片，所以接下来
我们来讨论一下，利用这些卡片，你都可以移动到哪个框
格。另外，卡片也可以组合使用。比如，除了"市场营销
技能"之外，如果你手里还有"广泛的人脉网"，就可以
将他们作为营销对象，自立门户，从而成为一名③自由营
销员。

先假设你选择的人生转型是②转职到风险企业做营
销员。

那你就移动到了旁边的一个框格。在新的框格里，又
有新的经历在向你招手。比如，它可能是在风险企业中，
从零开始发展一个产品的全部流程。于是，除了"市场营
销"以外，你还能从上述经历中收获"业务启动的相关知
识"和"品牌创建的技能"卡片。凭借这些卡片，你又可
以移动到新的框格。

像这样，**一边增加手中的卡片数量，一边朝着各个方**

向不断移动，这就是人生转型的真实状态。

用图 2 来分析自己的人生转型时，首先要在中间的空格中写下现在的职业和目前手里掌握的卡片。然后在相邻的框格中，写下通过组合使用卡片可能从事的新职业（填写专用地图请参照第 71～72 页）。另外，尽量想一想自己能在该相邻框格里获得什么样的卡片，并将其填写在框格内。如果该相邻框格内的卡片我们都拿到手了，就可以思考下一个新职业，即接着第一相邻框格继续填写。只要不断重复这个过程，好像我们就能想到很远的职业未来，但考虑得太过长远就会变成计划，而且很可能无法实现，所以我们最多考虑接下来的两步就可以了。只要以当前的框格为中心，考虑接下来的两步怎么走，便很容易拼出人生转型的印象版图。

◇ 在各种职业中的应用

接下来我再举几个具体的例子。先以撰稿人为例。请大家看图 3，由于职业关系，撰稿人肯定具备"写作技能"。假设这位撰稿人喜欢的东西是"美食"和"运动"，按照他的自我认知，他在写这两个领域的文章时，应该是

图3　蜂窝地图示例2～一个在某企业做撰稿人的人～

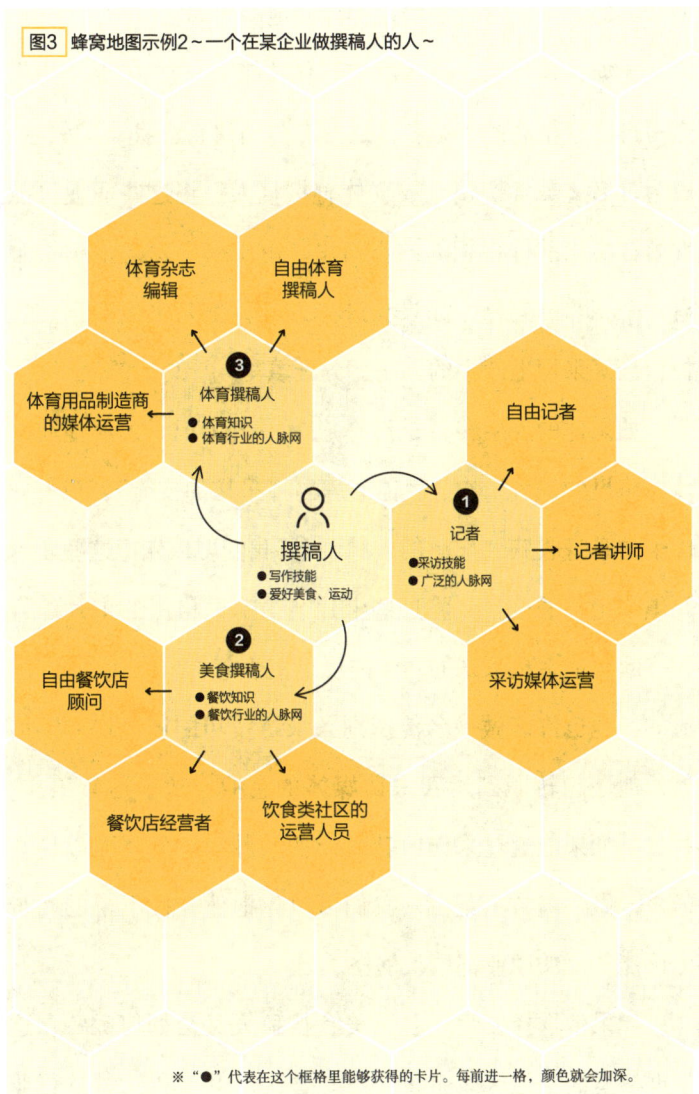

※ "●"代表在这个框格里能够获得的卡片。每前进一格,颜色就会加深。

最开心的。于是这个撰稿人的蜂窝地图便如上所示。

比如，他可以选择运用"写作技能"，成为一名采访报道写得非常精彩的①记者，或者专门钻研自己喜欢的领域，成为一名②美食撰稿人或③体育撰稿人。将这些职业可能性填在与当前框格相邻的空格里。由于一个六边形框格会有6个相邻的空格，如果在进行人生转型时出现了三种选择，最好采用上图中的方法，分开填写。

如果他的人生转型是选择成为一名①记者，那他通过该框格里的记者工作，就能磨炼出"采访的技能"，或者凭借采访本身收获"广泛的人脉网"。我们可以先把这些新卡片填入记者的框格。将这些卡片与当前框格里的卡片组合在一起，他在接下来的两步内可以实现怎样的人生转型呢？比如，他也许能做一名传授别人采访技巧的记者讲师。另外，他还能转职到运营采访媒体的企业，从事运营工作。并且，如果能通过采访收获广泛的人脉网，他还可以自立门户，做一名自由记者。我们可以先把他在接下来的两步内可能从事的职业都填入框格。

如果他选择成为一名②美食撰稿人又会如何呢？在这个框格里面，他应该能够收获"餐饮知识"和"餐饮行业的人脉网"。我们可以先把这些新卡片填进美食撰稿人的框格里。将这些卡片和当前框格里的卡片组合在一起，他在接下来的两步内又可以实现怎样的转型呢？比如，在熟悉了餐饮店的情况，也了解了什么样的店铺生意火爆，什么样的店铺门庭冷落之后，他就能自立门户，做一名自由餐饮店顾问了。

当然，他也有可能选择干脆自己开店，成为一名餐饮店的经营者。另外，由于他对美食感兴趣，所以还可以从事饮食相关的社区运营工作。我们可以先把他在接下来的两步内可能从事的职业填入框格。

如果他选择成为一名③体育撰稿人，我们同样也可以在相邻的框格中填写他接下来可能会从事的职业。

尝试制作蜂窝地图后，**就会发现原来我们的人生转型能有这么多种模式**。以点（当前的工作）成线（人生转型的轨迹），以线聚面（蜂窝地图），通过这种形式，我们就能从整体把握职业的各种可能性。当前的职业不过只是一个点，就遇到积极偶然性事件的概率而言，面要远高于点。

通常来说，我们很难想象自己有哪些可能性。尤其是在工作与个人属性密不可分的情况下，就更难想象如果自己不做那份工作，生活将变成什么样子。

正因为如此，才要利用这种类似于游戏的工具进行空想或客观分析，从而帮助自己看到职业转型的各种可能性，这一点非常重要。其中的诀窍就是**要意识到只有暂时不考虑实现的可能性，才能成其为可能性**。让我们抱着玩棋盘游戏的心态来看待未来的自己吧。

其实，我们也不知道自己目前所在的框格里会发生些什么，又会积累到什么样的经验。因此，我们必须定期重审蜂窝地图，确认自己的人生转型是不是又增添了新的可能性。

在接下来的第 2 章中，我将对人生转型进行详细介绍。通过工作经验，我们具体会积累到什么，又会从积累中发现哪些新的可能性来帮助我们实现人生转型呢？

第 **2** 章

"三大积累" 与相邻可能性

人生转型的"三大积累"

只有具备经验的"积累"和"偶然性",才能完成人生转型。虽然第1章提到了"积累"二字,但也只是一个笼统概念,我们具体会积累到些什么呢?如果能明确这一点,或许我们就会距离人生转型更近一步,待"偶然性"来临时,也能运用得更加得心应手。

人生转型需要量变的积累,具体可分为以下三项:①能够提供价值的技能集 (Skillset);②广泛多样的人脉网 (Network);③以经历为基础的自我理解 (Self-understanding)。中文解释有些长,为了方便大家记忆,我们分别取其英文首字母,总结为"SNS"。接下来,我将通过本章节分别对"三大积累"进行详细解说。

◇ ①能够提供价值的技能集

通过工作,我们能够积累各种各样的综合技能,包括编程、写作、市场营销、销售、企划等,不胜枚举。但只有将其列举出来，我们才能认识到自己拥有哪些技能，哪一项能作为人生转型的卡片加以运用。另外，列举时首先浮现在脑海里的技能，其实都只是我们实际掌握的一小部分。要想把握知识技能的"群像"，我们必须先了解如何给技能分类。

大致来看，技能可以分为三类——**技术技能、人事技能和概念化技能**。这是美国哈佛大学教授（当时）罗伯特·李·卡茨（Robert·L. Katz）于 1955 年提出的技能模型，现在仍然被广泛应用于经营管理领域。

1. 技术技能

一听到"技能"二字，大多数人的第一反应就是技术技能。技术技能主要指工作完成能力和解决实际问题的能力。

因为技术本身经常包含在职业种类的名称里，比如具备编程技术的人叫作"程序员"，具备写作技术的人叫作"作家"，所以我们平时随口说的"技能"大多是指技术技能。要想知道自己具备哪些技术技能，建议大家定期记录自己的工作日常，时不时回顾总结一下会更有效。

2. 人事技能

如果说技术技能针对的是"问题"，那人事技能的对象则是"人"。人事技能主要是指能在工作中与他人建立良好关系，或者能与人有效沟通的能力。由于人事技能有时会在无意识中发挥作用，所以需要大家多留心观察，如果发现自己在人际关系或与人沟通方面，不用像其他人一样煞费苦心就能搞定相关问题，那这就是你的人事技能，也是你的优势所在。

具体请参照图 4 的项目栏。

图4 主要人事技能

沟通（communication）	通过对话建立并维持人际关系
倾听（hearing）	倾听对方的表达，理解对方的意思
谈判（negotiation）	站在意见相左或存在利害关系的双方中间进行协调
领导力（leadership）	为了共同的目标或目的，带领团队一起前进
表现力（presentation）	将自己的想法或决心告诉对方，征得对方的理解或认同
指导（coaching）	激励对方，促使其付诸相应行动
引导（facilitation）	以中立的身份，引导集体成员交流互动

3. 概念化技能

概念化技能是指能对事物进行抽象化分析，面对复杂情况时可以统观全局，理性判断思考，或通过发散思维抓住问题核心并形成正确概念的能力。

概念化技能通常会与其他技能组合发挥作用，所以一般很难被发现。比如，当我们要写一篇逻辑清晰的文章时，不仅需要写作这项技术技能，还要搭配概念化技能中的逻辑思维才能完成。在这种情况下，如果被问及使用的技能，一般大家都会先回答写作技能，而在此过程中起支撑作用的逻辑思维则很容易被人忽略。

概念化技能共分为 14 种，分别为逻辑思维（逻辑思考）、横向思维（水平思考）、批判性思维（批判性思考）、多角度视野、灵活性、包容性、求知欲、探索精神、应用能力、洞察力、直觉力、挑战精神、大局意识、前瞻性。

回顾总结自己拥有的技能

要想知道自己到底拥有哪些技能，回顾总结十分重要。话虽如此，但只凭靠记忆的回顾基本没有太大的可信度，所以我们需要培养一个定期回顾总结的习惯。只要每天对自己当天发挥的技能有所记录，日后便能清楚地掌握自己到底具备哪些个人技能。如果大家觉得每天记录有些困难，也可以选择定期更新工作简历这种方式。我在公司上班的时候，每个月雷打不动地定期更新简历。虽然在一般情况下，只有在要换工作的时候才会写简历，但为了方便盘点个人技能，我觉得定期更新一下也未尝不可。手头随时有最新的工作简历，准备跳槽转职时也会更容易一些。

接下来，我将会把回顾总结个人技能时会用到的问题介绍给各位，请大家定期自我检查。

Q. 你的时间都用在了什么地方？在做这些事情时，你在思考什么？

首先，客观地回想一下，自己将时间花在了哪些地方。建议尽量在日历或手账上记录自己做过的事，这样自己掌握了哪些技术技能便能一目了然。其次，想一想自己在做事情时，大脑在思考些什么。如果在考虑与人相关的事情，那可能是人事技能在发挥作用；如果在考虑抽象性事物，可能你正在使用概念化技能。

Q. 你做了什么会收到他人感谢？别人为什么向你道谢？

有时我们会因为无意间做的某件事而收获对方的感谢。这是我们在总结个人技能时的一项重要反馈。之前我在和人闲聊时，对方向我表达谢意，我问为什么，对方说"通过聊天，我理清了自己的思路"，我才发现原来这就是我的个人技能。顺便说一句，与人沟通一般会同时用到两项技能——人事技能的倾听能力和概念化技能的抽象化分析。

Q. 与他人相比，你不费吹灰之力便能做到的事情是什么？

对于自己擅长的事，一般都是自然而然顺手就完成了，有时根本意识不到这也算是一项技能。因此，我们要将注意力聚焦在他人费尽心思，自己却轻而易举就能完成的事情上面。任天堂的前社长岩田聪先生曾在采访中①说过一句话，我至今记忆犹新："不知道大家有没有注意到，有些事情，只要你付出了相应的劳动，周围的人就会心怀感激或者非常开心。简而言之，即'这个人很擅长做这份工作'②。"也就是说，如果你发现做某件事像呼吸一样自然，那这也是你掌握的技能之一。

⬡ ②广泛多样的人脉网

我们在工作中会遇到形形色色的人，有的人只是一面

---

① 4Gamer.net《任天堂·岩田先生"不想当老板的玩家不是好玩家!"最终篇——所谓"经营"，即权衡考虑"人和事"的"最佳游戏"》（https://www.4gamer.net/games/999/G999905/20141226033/index_3.html.）。

② 本句话后面还有岩田聪先生的进一步解释："反之，也有些事情是你觉得自己特别努力，做的事也很有成就感，结果周围人却都不买账，这可能也说明了一个问题：你喜欢不一定代表你擅长。"（译注）

之缘，有的人则会通过持续的业务往来增进信任或积累信赖，从而建立起各种关系。将我们与每个人的关系化为集合，便是所谓的"人脉网"。人脉网中的人，不仅限于现在或过去的职业生涯中共事的同事，还包括在职场以外的场合遇到的成员和伙伴。

不过，要想将人脉网作为人生转型的卡片加以使用，需要花费些时间才能打造出来。仅仅是交换名片的关系，并不在人脉网的范围之内。因为，**在人生转型中，人脉网的作用是能为自己带来最新的信息或机会，**单单交换名片构不成这层关系，也起不了任何作用。要想让对方产生"我要把这个消息、机会告诉他/她"的想法，个人信用或信赖关系必不可少。

区分信用与信赖

那么，所谓的"信用"和"信赖"又分别指什么呢？提前了解二者的区别，方便我们更容易拓展并维持人脉网。两个词虽然看起来意思相近，其性质却几乎截然不同。"信用"的英文是 credit，"信赖"的英文是 trust，由此可见二者并不相像，而且其含义也的确有所区别。如果再搭配这两个词的使用方式综合考虑，二者的差异就会越发明显。

比如，我们会说"信赖关系"，而不会说"信用关系"。这就说明信赖的本质是双向关系，而信用与其相反，单向也可成立。再举个例子，我们平常会说"信用信息"，却不会使用"信赖信息"。从这个角度可以看出，信用是能够根据客观信息加以判断的规范标准，信赖则是一种主观判断。其实信用（credit）卡就是最好的实例证明，正因为拥有可以对卡主的支付能力进行评判的客观信用（credit）信息，这项服务才得以成立。由此，我们便可以总结出一个结论：信用是单向的客观评价，信赖是双向的主观关系。那么，我们怎样才能积累信用信息并取得深厚的信赖关系呢？

由于信用是一种客观评价，所以为了提高个人信用，我们需要先源源不断地提供价值，比如为对方提供一些自己觉得有用的信息或机会、介绍人才等，通过像这样不断提供价值，我们会慢慢取得对方的信任，为自己积累起相应的信用信息。此外，通过不断的 GIVE（给予），对方也会产生"必须回报些什么才行"的想法，这种现象在心理学上被称为"互惠原理"。如此一来，对方也会反向提供给我们信息或机会。

反之，信赖是一种主观关系。以家人为例，即便他们没有个人信用信息，我们也依然信赖他们。

这是因为，信赖是一种主观性的认知判断。京都大学的前任校长山极寿一先生在有关大猩猩的研究方面首屈一指，根据他的研究成果，动物们在一起同吃共舞或者完成相同的任务属于"步调一致"行为，基于"步调一致"行为及过程中产生的"共鸣"，动物之间会建立起信赖关系。的确，如果双方一起共事，或者参加同一个项目，过程中好像会更容易建立起信赖关系。

综上所述，我们可以用两种方式来拓展自己的人脉网——通过提供价值来积累信用信息，借由共同作业来构建信赖关系。那么，我们接下来又要怎样维持人脉网呢？印象里，我记得以前都是用贺年卡来维系人际关系，但一年一次的频率远远不够。与此相对，我倒觉得其实我们每天都有事可做。由于我们平常接触到的信息五花八门，可以试着将这些信息按照自己的理解加以提取说明，再以邮件或 SNS 消息的方式发给"感觉对方会用得着"的人。或者当自己遇到有趣的人时，可以毛遂自荐做一下人才中介，将对方推荐给有需要的人认识。

我个人一般每天会花 2 个小时左右的时间吸收新知识，过程中如果发现比较有用的网络新闻，就会用 Facebook Messenger① 发给认识的朋友。

虽然有些人好几年都没有联络，但也正好能以此为契机，互相了解到彼此的近况，由此刷新认知，可以为对方提供更有价值的信息。除此之外，我们还可以逛一些不同于公司或家庭的社区，不仅能认识一些新人，通过共同作业或许还能建立起信赖关系。不过，我们这么煞费苦心地搭建人脉网，如果关键时刻想不起来用，一切便都是徒劳。毕竟没有什么会比人的记忆更不靠谱了。因此，我一般都会用 Trello 这项工具将人脉网梳理成表格，只要输入人名、技能或想做的事等关键词，便会立刻检索出结果。

③以经历为基础的自我理解
（Self-understanding）

工作过程中，我们会萌发各种情绪，也会有诸多思考。虽然可以选择漫不经心地忽视，但如果反其道而行之，巨

---

① Facebook Messenger 是桌面窗口聊天客户端，允许客户进行聊天、接收通知并从电脑桌面上阅读新鲜事。(译注)

细无遗地观察这些感情变化和思维活动，就能清楚地掌握**自己的偏好和价值观，**这样的自我理解才会成为人生转型时的路标。就算有知识技能和人脉网为人生转型铺路，倘若最后从事的工作是自己不喜欢的或者感觉没意义的，那也算不上是成功转型。为了让人生转型得更完美，我们必须先了解自己，认清自己。

就一般情况而言，自我理解通常会结合多个角度综合分析，这些角度分别是以记忆为依据的自我分析、他人反馈和数据检查。此处的"自我分析"是指"自己分析自己"。回顾总结过去经验，反思分析自我现状，这套做法也算是毕业生找工作时的常规流程了。然而，大脑的存储空间有限，仅靠残存的记忆很容易丢失大部分信息。不仅如此，大脑还会美化记忆或对其赋予意义，大部分情况下，脑海中的记忆和实际经历都相去甚远。鉴于这些原因，我个人并不推荐以记忆为依据的自我分析。此外，他人反馈也有同样的问题。反馈人的主观想法、反馈人与被反馈人之间的关系都会严重影响反馈内容的客观性。还有性格等相关检查数据也都是大脑思考后的答案，所以也不见得能反映出真实的经历。

那我们应该怎样进行自我理解呢？我的建议是：**观察以经历为基础的感情和思维活动**。

观察感情和思维，了解个人偏好和价值观

以工作场景为例，如果你在工作过程中感觉很痛苦，提不起一丝干劲，那很可能就是讨厌这份工作。相反，如果干得兴高采烈，那说明你喜欢这份工作。同理，如果出现愤怒或悲伤的情绪，或许是因为喜欢的事情被打乱，或者被强塞了自己讨厌的事。遇到这样的情感波动时，一定要保持敏感，思考自己为什么会出现这样的情绪——这便是自我理解的第 1 步。在观察上述感情的过程中，**我们会发现自己感到开心或感到痛苦时的共同点，这个共同点就代表了你的好恶**。好恶因人而异，有的人喜欢思考概念定义，有的人喜欢与人沟通讨论，而有的人则喜欢精进业务能力等。

除了观察感情，我们还可以观察思维活动。在工作过程中，如果我们将精力放在更高更广的层面上，而不是关注自我本身，就会从中体会到这份工作的价值与意义。比如，自己工作是为了给公司、地区、社会、地球环境等创造价值，只要一想到自己的工作与更高层次的领域相结合，

就能在工作中找到意义所在。

另外，如果工作是为了重要的人而奋斗，我们也会觉得这份工作值得做。诚如上述所言，**只要在工作过程中找到自己觉得有意义的地方和没有意义的地方，通过对两者加以区分，就能总结出各自的共同点，从而便会对自我价值观有一个清晰的认知**。有的人觉得解决社会问题有意义，有的人觉得支持他人的行动、为他人加油打气更有价值，个体不同，价值观也千差万别。

综上所述，想要正确认识自己，观察感情和思维活动是不可或缺的过程。我们可以按照"①能够提供价值的技能集)"小节中提到的做法，定期回顾总结，记录自己在当天工作中发挥了什么样的技能，工作的时候出现了怎样的感情波动或思维活动。哪怕写日记很麻烦，也还是建议大家每天能抽出一点时间，对自己做一次客观审视。虽然大家会觉得一周或一个月做一次也无妨，毕竟做总比无所作为要好得多，但我还是想强调一点：越依赖过去的记忆，感情或思考的客观性就越弱。

话说回来，为什么人生转型会如此重视个人偏好与价值观呢？这是因为，**忘我的热爱胜过一切努力**。对于自己喜欢或觉得有意义的事情，我们会沉迷其中，无法自拔，甚至不会考虑自己有没有在努力。正因为能够毫不费力地坚持下去，才会在不知不觉中提高技能；正因为专注与沉迷，才会勾起他人的好奇心，从而进一步拓宽人脉网。

最重要的是，如果一份事业能够令我们着迷，那便是再幸福不过的事情了。由此可见，想要完成更优质的人生转型，自我理解必不可缺。

以上便是针对人生转型的"三大积累"的详细说明——①能够提供价值的技能集；②广泛多样的人脉网；③以经历为基础的自我理解。通过工作，我们在解决问题的同时不断积累知识技能，在与人沟通交流的过程中拓展人脉网，在"吾日三省吾身"后达成自我理解。将这些积累的成果卡片作为"Dots"搭配组合，就会产生"Connect The Dots"的效应，继而为人生转型提供更多的可能性。（参照图5）

那么，当我们拿到卡片后，应该怎样找出这些可能性呢？为了能探索出更多的可能性，我们又需要用到什么样的思考方式呢？为了能更清晰地解答这些问题，接下来我将引入"相邻可能性"这一概念。

图5　人生转型不可或缺的三大积累　总结

①能够提供价值的技能集

通过工作积累的综合技能。最重要的是要定期回顾总结加以掌握。

技术技能

- 业务完成能力
- 解决问题的技能

例：编程、写作

人事技能

- 对待人的技能

例：沟通、倾听、谈判、领导能力、
　　表现、指导、引导

概念化技能

- 概念化能力
- 经常与其他技能同时发挥作用

例：逻辑思维、水平思考、批判性思维、多角
　　度视野、灵活性、包容性、求知欲、探索
　　精神、应用能力、洞察力、直觉力、挑战
　　精神、大局意识、前瞻性

②广泛多样的人脉网

广泛多样的人脉网能给我们带来新的信息或机会。

信用（credit）

- 单向的客观评价
- 通过提供价值积累信用信息

例：发送信息

信赖（trust）

- 双向的主观性关系
- 通过共同作业建立信赖关系

例：加入社区

③以经历为基础的自我理解

人生转型的路标。最重要的是要定期回顾总结并加以记录。

个人偏好

- 好恶
- 观察感情波动

例：喜欢思考概念定义，喜欢与人沟通讨论

价值观

- 找到意义所在
- 观察思维活动

例：为了社会，为了地球环境

※ 希望大家能掌握上述技能，作为手头的卡片灵活使用。它们可能会成为 "Dots"，产生 "Connect The Dots"
　的效用。

发掘你的相邻可能性

"**相邻可能性**"是美国理论生物学家斯图亚特·考夫曼提出的观点，有时会作为例证用于企业的创新理论中。众所周知，人类是由猿猴类动物进化而成，并不是像炼金术一样，在生命诞生之前，由地球上的化学物质突变而成。它们同样是先慢慢形成氨基酸、核酸等物质，再构成眼睛，形成骨骼，经过漫长的、反复的生命变化（这个过程好像也能称为人生转型），最终才诞生了猿猴类动物。像这种<u>从当前现有的要素组合中首次发现的可能性</u>，斯图亚特·考夫曼称为"相邻可能性"。

若将相邻可能性这种想法套用在技术革新方面，最具有代表性的案例便是手机的诞生。

人类不是突然诞生的，手机也同样不是一下子凭空变出来的。正因为通信、微型电池、触控传感器等各项技术一应俱全，手机才会在技术组合中应运而生。可以说，正因为有过去的技术积累作铺垫，我们才在其中发现手机这个相邻可能性。如果没有手机，就不会出现后面一系列的手机应用或服务，所以这些应用和服务便是新的相邻可能性——因为手机的存在才被创造出来的新产品。

我在第 1 章提到过**蜂窝地图的相邻框格，它恰巧能完美呈现出我们的相邻可能性**。先通过工作获得"三大积累"，利用"三大积累"再开拓出相邻可能性，由此便可以向前迈出一个框格。那么，在现实情况下，相邻可能性会以什么样的方式出现，我们又怎么能发现它呢？接下来，我将以最近呈增长趋势的新型职业为例，希望能更清楚地阐述这个问题。因为这项职业前所未有，相关从业人员几乎都是从其他领域转行进来的，所以以它为示例来解释相邻可能性再合适不过了。

◇ 视觉图像记录师

承蒙大家厚爱，我经常会参加一些登台演讲的活动，偶尔会遇到几位帮我们实时梳理活动现场的记录师。虽说是记录，但他们并不是文书记录员，而是将演讲者的讲话内容或活动流程通过文字和插图的方式记录下来。参照图文并茂的可视化内容，演讲者或现场观众可以在确认流程的同时展开谈话交流。除此之外，活动结束后，这些记录内容还能以图像数据的形式共享给现场观众，方便大家回顾总结。像这样擅长以图像记录信息的人，我们称为"视觉图像记录师"。近几年，从事视觉图像记录的人越来越多。

我经常和一位名叫高田由奈（音译）的视觉图像记录师在活动中搭档合作。听说她原本工作的部门专门负责制作广告策划方案的资料，为了能更好地向客户传达信息，她便慢慢掌握了设计这项技能。不仅如此，她还觉得做这份工作十分开心，也喜欢系统地处理问题——对"自我理解"也有清晰的认知。后来，她的"人脉网"中碰巧有一位活动运营专员正好想找她帮忙做视觉图像记录的工作，她便接受了这份委托，想要尝试一下，结果发现自己和这份工作特别投缘，便慢慢沉浸其中，无法自拔。这种情况可以算是**相邻可能性的最佳示例了——在人生转型的三大要素"技能集""人脉网""自我理解"齐备的前提下，偶遇契机加持，从而完美创造相邻可能性。**

除了像高田小姐这样以制作资料或设计为主业的人群以外，引导师为了打造环境或调动氛围，也会进行视觉图

图6 视觉图像记录师 示例

笔者登台做讲座的视觉图像记录（插图：高田由奈）

像记录，有不少人还因此而"上瘾"，将其作为副业或主业长线发展。视觉图像记录，按照字面意思即为记录，主要强调记录的价值。但如果将重点放在"引导"方面，"视觉图像记录师"便会改称为"视觉引导师"（参照图6）。

从视觉引导协会官网上的解释来看，视觉引导是一种"通过将对话（交流）视觉化来活跃气氛、促进成员相互了解的技术"。对于视觉图像记录师而言，视觉引导师其实也是一种相邻可能性。为了避免大家产生误解，特此声明：此处我想表达的只是两者重视的价值不同，并非说明哪一个职业更出色。

🔶 社区站主

自COVID-19新冠肺炎疫情发生以来，人们出门见面的机会大大减少，为了解决沟通不足的问题，越来越多的人加入社区或者自己成立社区。虽然整个社会到处都在强调"社交距离"，但我们人类是群居动物，即便可以保持物理距离，但精神方面还是想与人沟通联系。在我看来，正因为人们有这种需求，社区本身才越来越活跃。过去也有一些自然而然兴起的社区，比如地方社区、宗族社区、宗教社区等。但随着人口减少和人口老龄化加剧，地方社区日渐衰落；宗族社区由于家庭结构核心化慢慢分崩离析；在日本，加入宗教社区的人数目前也呈减少趋势。社会在发展，时代在进步，人们想要在这个过程中找到自己的立足点或角色定位，这种需求便催生了新的人工社区，现在单枪匹马创建社区的"社区站主"也越来越多。

社区规模大到数万人，小到几人，范围十分广泛。名人或网络红人（以下简称为"网红"）创设的社区虽然备受瞩目，但在我身边，踏实运营社区的普通人也不在少数。

社区站主大多以每月向会员征收会费的方式运营社区，于是提供支付方式的服务平台也日趋增多。同时，会员有时还需要付费才能享受到社区衍生出来的专属内容和活动。此外，社区不仅能以为个人提供价值的方式创造收益，还可以通过为企业提供价值来提高收益。比如，社区站主接受企业的委托后，与社区成员一起工作（新产品的测评等），或者企业为社区支付宣传费让社区帮忙宣传等。

类似名人的网红型社区，大多都以该网红为中心带动社区的活跃度，但像我这种不是网红的普通人，大多都是围绕某一主题来创设社区。主题一般根据社区站主的喜好而定，比如喜欢的事或物、价值观、兴趣等。

比如，我创办的"民以'论'为天"社区，主要聚集的是觉得讨论有意义的人。我的朋友们也创设了各种各样的主题社区，比如"朝涩"是享受清晨活动，"动起来吧！商业街"是制造热闹的氛围，"灵活实验室"是现场直播，"ABLab"是宇宙商业，"Localist Tokyo"是促进地方与东京的交流……类似这样的主题种类丰富多彩，不胜枚举。"如果我来创建社区，应该会打造什么样的社区呢？"有时闲来无事设想一下也挺有趣的。

社区的维持需要站主的能量与热情，所以站主必须要按照"自我理解"的结果选设主题。也正因为如此，精彩纷呈的社区才会如雨后春笋般层出不穷。此外，一些企业顾问、教练、咨询专家等也都创办了自己的社区，他们过去专门从事与人对话交流的工作，现在则能够利用交流的"知识技能"在社区内大显身手。还有一些站主，巧妙使用自己过去积累下来的"人脉网"，为自创社区开辟了新道路。由此可见，社区站主也算是根据知识技能、人脉网和自我理解这"三大积累"探索出来的其中一个相邻可能性。

⬡ 讨论伙伴

实在惭愧，我又要"现身说法"了。在我的职业身份中，有一项叫作"讨论伙伴"。正如字面意思所言，这是一份与对方搭档（partner）展开讨论（discussion）的工作，主要担任陪跑的职务——以新业务为中心，推进新项目的运行与发展，涉及范围小到初创企业，大到名企大企。从 2015 年起，我大概做了 5 年的陪跑工作，其间与 100 多家公司有过合作。对我而言，"讨论伙伴"这份工作便是通过我过去职业生涯的"三大积累"找到的相邻可能性。除了我以外，现在渐渐出现了更多人开始以"讨论伙伴"的身份头衔开展相关工作，也有些人虽然称谓不同，但提供的价值与我并无二致。

"讨论伙伴"有很多种，我本人的情况具体如下：作为风险企业的经营者，我具备"启动新业务"的"知识技能"；两年内曾为 1000 多人提供职业咨询服务的工作经历，培养了我"通过对话把握对方态度变化"的"知识技能"。这两项技能在我的工作中发挥了重要作用。

再加上我本身就喜欢与人讨论问题，而"讨论伙伴"

恰巧是"通过讨论为经营者出谋划策，推进新业务发展"的职业，我的"自我理解"与工作需求完美契合，于是"讨论伙伴"便作为一种相邻可能性，自然而然被我收入囊中。2015年8月，我刚辞职独立出来，因为当时没有多少人脉，于是我便养成了工作日每天和不同的人吃午饭的习惯，以此来弥补"人脉网"上的不足。

顺便一提，我能成为经营者，也多亏了在上一份工作处理新业务时培养出来的"知识技能"；成为经营者后，我又想做职业顾问，也是缘于我对自己有清晰的"自我理解"，因为我觉得日本的求职趋势有问题——人人都爱大企业，大企业就是求职者们心目中的宠儿，而风险企业却门可罗雀，几乎无人问津。由此可见，我的职业生涯都在重复前进过程：**每前进一个框格，就会发现新的相邻可能性框格，然后顺着框格步步前行。**

◆ "三大积累"与科技的进步

将人生转型的**"三大积累"与技术叠加使用，可能会创造更多的相邻可能性。**比如，职业电竞选手参加游戏比赛，要么能拿奖金，要么能获得赞助商的青睐。正因为游戏配备了完善的在线对战功能,选择竞技 PK 的人数不断增加,才衍生出了职业电竞选手这份职业。

如果没有在线对战功能,人们就不会有太多机会了解人与人在电竞场上你追我赶的趣味性,也就不会产生那么多竞技玩家,甚至还专门为此开创了一种职业。从"知识技能"角度来说,如果一个人具备超强的反射神经,而且按照"自我理解"也清楚地知道自己喜欢游戏,那在先进科技的加持下,完全可以幸运地将职业电竞选手作为人生的一种相邻可能性。

另外,随着线上社区技术日益发达,许多新工种也会应运而生,比如网络销售。过去一提到"销售"二字,人们就会觉得登门拜访的流程必不可少,但如今不用再面对面地进行解说或商谈,线上就能解决许多问题,网络销售也因此成为再普通不过的一份职业。只要掌握销售的"知识技能",任何人都有可能转行成网络销售。同理,过去大家对售货员的印象都是在人前卖货,但近年来通过线上直播带货的销售主播也越来越多。

除此之外,**科技还可以弥补技能方面的不足**。比如,只要会使用会计软件,财务相关的"知识技能"便不再是必需品。

不夸张地说，幸亏有这些科技帮我打辅助，我才能成为一名自由职业者。如果没有轻松上手的会计软件，我在以自由职业者身份从事各种活动时，很可能会被财务会计的问题缠得脱不开身。

如上所言，科技进步有时会为我们拓展更多的相邻可能性。使用一些能方便剪辑动画的软件或应用，说不定能帮你成为 YouTuber（视频博主）。还有一些服务平台能让所有人都会做出 EC 网站，只要有效利用，或许下一个手工制作大师就是你。倘若有新的科技服务问世，大家可以思考一下："将它与自己的'三大积累'搭配使用，又会碰撞出什么样的火花呢?"

巧用蜂窝地图

以上便是针对职业相邻可能性的全部说明。**将相邻可能性以视觉化形式表现出来，就是我们曾在第 1 章介绍过的蜂窝地图。**为了方便大家整理自己的相邻可能性，我们一起来制作蜂窝地图吧！

⬡ 蜂窝地图的制作方法

· 将当前职业和"三大积累"的可用事项作为卡片，填入正中央的框格中

· 在相邻框格中写下认为能与卡片组合搭配的职业相邻可能性

· 在各个相邻可能性的框格中写下自己预期可以获得的卡片

· 将当前职业的框格与相邻可能性框格中的卡片相组合，在下一个框格中写出新的职业相邻可能性

假设下一个框格会出现 3 种相邻可能性，即 1 种相邻

可能性会衍生出 3 种相邻可能性，那我们除了当前职业的框格外，一共可以填满 12 个框格（参照图 7）。

我们可以将自己制作的蜂窝地图拿给别人看，根据他人的反馈进行更新完善。当然，也可以举办相关的研讨会活动，感觉应该会非常有趣。另外，通过定期反思审视，我们能够清楚地了解自己的可能性，所以不要怕风险，大胆去尝试，相信大家以后都能以当前职业为基础，越来越敢于挑战自我，积极向前！

图7 蜂窝地图示例1～一个在某企业做营销员的人～（重示）

市场营销公司
经营者

营销员
社区运营

特定领域
自由营销员

③ 自由营销员
●与营销员构建
的人脉网

市场营销类
服务运营

营销员
●市场营销技能
●广泛的人脉网

① 市场营销顾问
●最新的市场营销技能
●对业务的理解能力

市场营销相关
书籍的作者

新业务负责人
的自由顾问

② 风险企业的
营销员
●业务启动的相关知识
●品牌创建的技能

市场营销自由
顾问

品牌经理

风险企业
经营者

※ "●"代表在这个框格中能够获得的卡片。每前进一格，颜色就会加深。

图8 自己的蜂窝地图

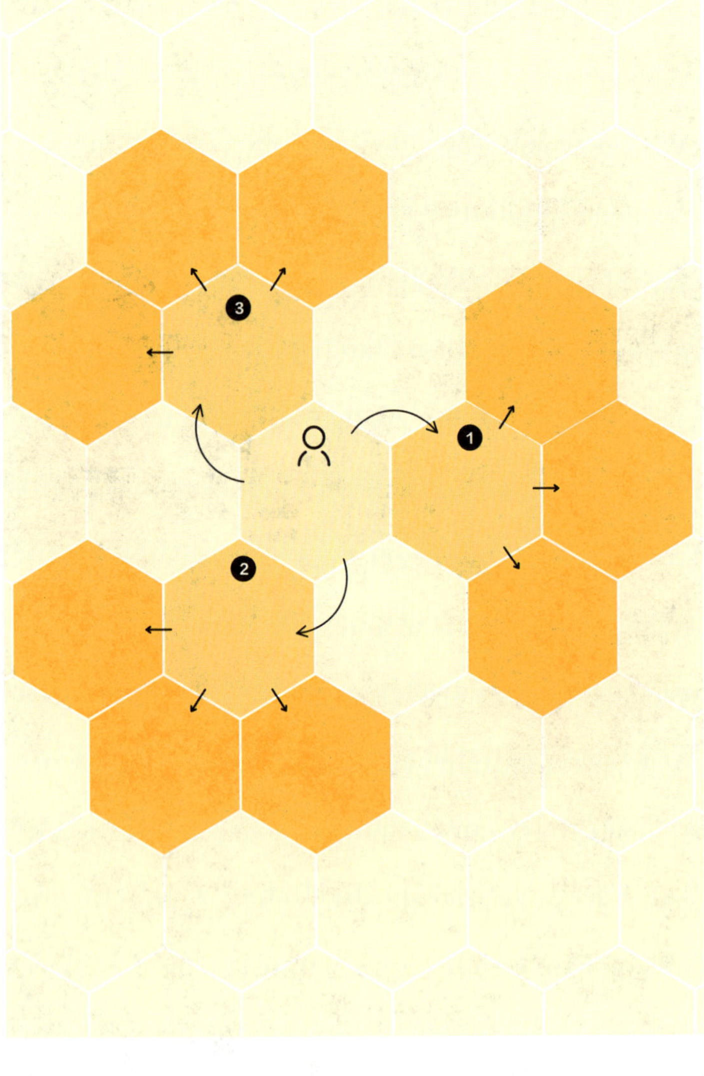

以三项标准分析相邻可能性

在制作出蜂窝地图并找到相邻可能性后，我们还需要从中做出选择。当在一条路上走得不顺时，虽然可以转换跑道选择其他相邻可能性，但我们时间有限，不可能随便挑一个，然后轮番尝试所有选项。因此，我们要**根据自己的实际情况排出优先顺序**，再选择自己到底走哪一条路，我想这样更为高效。

关于决定优先顺序的方法，前人曾为我们留下了宝贵的智慧财富。其中最有名的莫过于《高效能人士的七个习惯》的作者史蒂芬·柯维（Stephen R. Covey）先生提出的"任务管理法"，即根据"紧急性"和"重要性"来决定优先级。从这一角度出发，我们可以以"紧急性"和"重要性"程度双高的相邻可能性为出发点展开尝试。尤其是如果该相邻可能性属于只能在一定时间或规定年龄段内才能完成的特殊情况，想必紧急程度也一定很高。除此之外，倘若知道什么事情对自己来说更为重要，即便情况不紧急，或许也应该以重要性为标准提高优先级。

◆ Will（意愿）、Can（能力）、Need（需求）映射图

在本小节中我想再为大家介绍一种新的排序方法，即用"Will""Can""Need"这三个圆圈，以映射图谱的形式体现出相邻可能性，继而再排列出优先顺序。先画三个圈构建维恩图（图9），再在其中一一映射出相邻可能性。

①将特别想做的事情放到"Will"圈中。"Will"以热情高涨的程度、意愿强度以及价值观的契合度为重要判断

图9 Will、Can、Need的维恩图

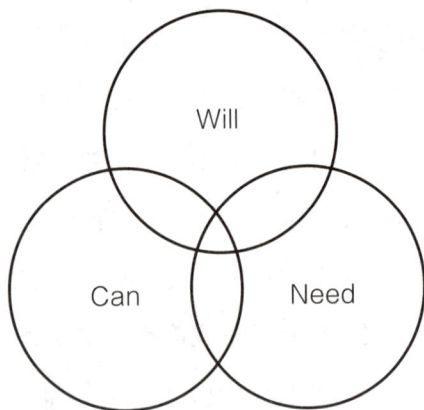

指标，一般凭借"自我理解"找到的相邻可能性大多都符合"Will"的标准。

②将自己能够做到的事情放到"Can"圈中。"Can"以知识和技能为重要判断指标，一般通过"知识技能"发现的相邻可能性基本都在"Can"的范畴内。

③将他人需要我们做的事情放到"Need"圈中。"Need"主要以业务相关人员是否对我们提出要求以及他人是否有需求为判断基准，一般凭借"人脉网"找到的相邻可能性大多都符合"Need"的标准。

将相邻可能性放入维恩图中进行映射，就会排列组合出 8 种模式（图 10）。

有一些相邻可能性会出现在圆圈的重叠区域，重叠的部分越多，以该相邻可能性为基础开展的工作就相对越顺利，做起来也会更开心。接下来，我将对 8 种模式的优先级做详细说明。

首先，像 A 模式那种无法放入任何一个圈中的相邻可能性，直接放弃就好。不会做、不想做、又没必要做，那就是毫无价值可言。这样的相邻可能性原本就不会出现在蜂窝地图上，所以完全不用考虑。那么，我们又该怎样处

图10　相邻可能性的8种模式

A: Will → ✕　　Can → ✕　　Need → ✕

B: Will → ◯　　Can → ✕　　Need → ✕

C: Will → ✕　　Can → ◯　　Need → ✕

D: Will → ✕　　Can → ✕　　Need → ◯

E: Will → ◯　　Can → ◯　　Need → ✕

F: Will → ◯　　Can → ✕　　Need → ◯

G: Will → ✕　　Can → ◯　　Need → ◯

H: Will → ◯　　Can → ◯　　Need → ◯

理只存在于一个圈中的相邻可能性呢？B 模式属于想做，但是不会做，也不需要做；C 模式是虽然会做，但完全没有做的欲望，也没有必要做；D 模式虽然有需求，但不想做，也不会做。不管哪一个，都不太好处理，好像也没必要为此花费太大精力，所以放弃也未尝不可。

⬡ E 模式：从兴趣开始，先尝试一下

接下来的这些模式，就属于具有探讨价值的相邻可能性了。E 模式虽然有能力做，也有想做的欲望，但没有需

求,也就是没有非做不可的必要。这种情况换言之即为
"兴趣"(图 11)。比如我擅长解谜游戏,自己也想玩,但
这件事本身并不会为他人创造什么价值,也不会满足他人
的需求,所以这只是我的个人兴趣而已。可如果我将兴趣
做到极致,通过视频华丽演绎出解谜过程,恰巧有人想观
看此类视频且正好看到了我的解谜作品,那么从最终结果
来看,这项兴趣活动便满足了"Need"的标准。也就是
说,如果相邻可能性为 E 模式,属于自己想做又会做的事,
我们可以将其作为兴趣慢慢发展,待磨炼精进到一定水平

图11 E的相邻可能性

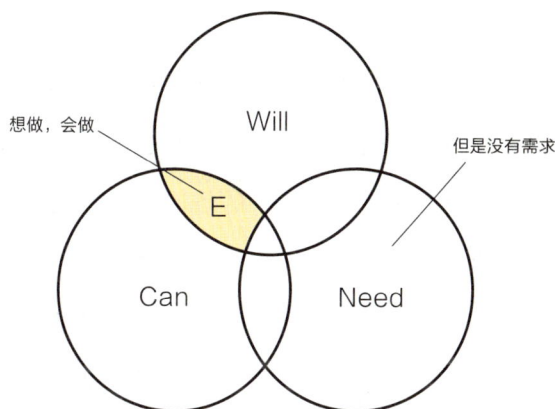

想做,会做

E

但是没有需求

Will

Can

Need

→ 从兴趣开始

后，可以选择教别人，也可以通过表演的方式进行展示，只要能有受众群体，被人需要，就有同时满足三项标准的可能，这件事本身就有为之一试的价值。因为 E 模式的本质是个人兴趣，所以即便结果没能实现人生转型，也不会有什么损失。如此看来，我们只要放宽心情，大胆尝试就好。

◇ F 模式：寻找有识之士

接下来我们来看 F 模式。F 模式属于想做，也有需求，但自己不会做，可以说算是一个需要"协同合作"的项目（图 12）。比如我想让某个地区的自由职业者能多方面发挥其存在价值，同时这件事本身也存在目标需求，但我自己做不到，所以需要借助他人力量，通过与当地从事本土活动的人合作，以达到"Can"的目的。也就是说，在遇到像 F 模式这种自己不会做，但知道活动本身有需求的情况下，我们可以邀请有能力的人一同参与。如果自己还能在合作过程中掌握了原本不会的技能，就结果而言，这项活动也满足了"Can"的条件，继而便达成了三项标准。

在个人主义时代，所有的事情都想自己负责，凡事都

图12 F的相邻可能性

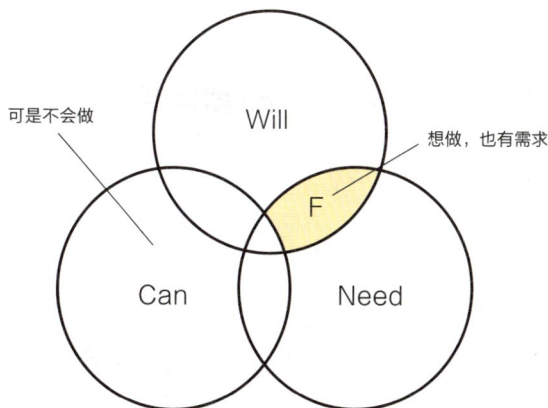

可是不会做

Will

想做，也有需求

F

Can

Need

→ 寻找有能力的伙伴

想亲力亲为的人也不在少数。但我们终究是通过分工才形成了社会，大家从事的职业也都是由于分工才诞生的。我以前想开餐厅，但我不会做饭，所以便租了块厨房用地，请自由职业者身份的主厨来帮我做饭。要想找到志同道合的工作搭档，最重要的一点是要持续不断地输出自我，发出相关信号。比如和某人见面后，可以以当前处于 F 模式下的相邻可能性为主题，与对方聊一聊，或者写一写博客，在 SNS 上吐槽一下。要明确表达出自己想做的事情，换句话说，得先给自己立一面旗帜，这样邂逅机缘的可能性也便越大。

⬡ G 模式：奉献精神成就你我

接下来再了解一下 G 模式。G 模式是虽然有能力做，事情本身也有需求价值，但是自己不想做（图 13），这种情况可以从培养"奉献"意识开始慢慢做起。比如，就讨论会的主持人而言，虽然本身活动需要这个角色，我也能胜任，但我以前并不想做。不过当我接受了这份委托，实

图13 G的相邻可能性

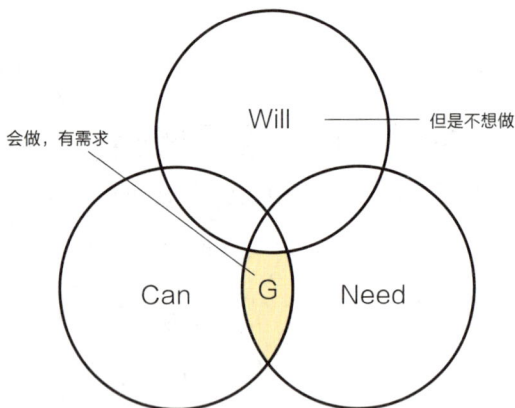

会做，有需求

但是不想做

Will

Can　G　Need

→ 培养奉献精神，以尝试为先

际尝试后，不仅收到了大家的谢意，还从中找到自己做这件事的意义，最后这项活动也便达到了"Will"的标准。简言之，如果相邻可能性属于 G 模式——有能力做，事情本身也有需求，那我们可以转换思维，以奉献精神为基调，从帮助他人的角度出发展开尝试，倘若过程中出现了想要继续做下去的想法，便是从结果上满足了"Will"的条件，即实现了三全其美的目标。如若在实践过程中丝毫没有坚持下去的欲望，也看不到满足"Will"条件的希望，那索性放弃也完全没问题。

◇ H 模式：放手去搏！

最后我们来看 H 模式。H 模式下的相邻可能性可谓万事俱备，既想做，又有能力做，同时他人还有需求（图14）。或许符合 H 模式的事情少之甚少，但一旦找到了，那便是会令人毫不犹豫全力以赴的存在，我个人觉得将其称为"天职"也未尝不可。当然了，待真正实践后，可能会发现它其实并没有想象中那么完美，本质上也许属于 E、F、G 的其中一种模式，不过我们也不必灰心，只要按照上述所言，将各个模式下不满足条件的一环做到尽善尽美即可。不管选择哪一种模式下的相邻可能性，最终目标都是要达成 H 模式。

图14 H的相邻可能性

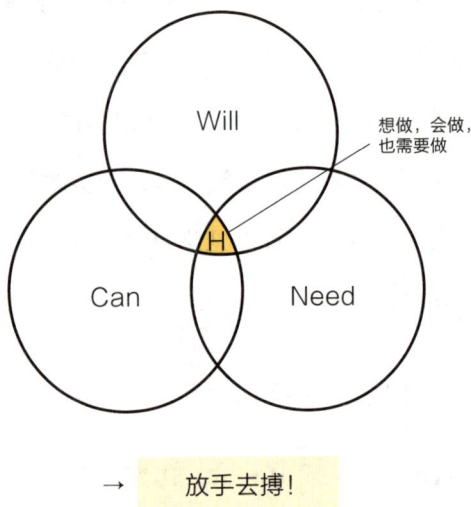

想做，会做，
也需要做

Will

H

Can

Need

→ 放手去搏！

以上便是相邻可能性映射出的所有模式的详细内容。之所以要进行映射，是为了排列出优先顺序。从三个圆圈的角度来看，相邻可能性同时满足的标准越多，其优先级就越高。因此，排列顺序应为 H>G、F、E>D、C、B>A。由于 E、F、G 模式都具有较强的可行性，建议可以进一步细化先后次序。"E：从兴趣开始，先尝试一下""F：寻找有识之士""G：奉献精神成就你我"，虽然这三种模式的具体选择顺序因人而异，不过根据跨栏定律①，或许还是从心理困难程度较低的模式入手会更为妥当。

那我们如何才能以优先级最高的相邻可能性为目标来实现人生转型呢？下面我将为大家介绍一下具体流程。

---

① 跨栏定律：由外科医生阿费烈德提出，指一个人的成就大小往往取决于遇到的困难的程度。(译注)

尝试人生转型

在介绍人生转型的时机或方法之前，我想先强调一个重点：人生转型并不是人生仅有一次的特殊活动。如果通过人生转型向前迈步一个框格，我们就会经历新的体验，"知识技能""人脉网""自我理解"这"三大积累"也会不断得到增长与完善。在我们反复转换人生跑道的过程中，**一切活动都是在为下一阶段的人生转型做准备**。我们不知道下一个转折点什么时候来，也许是 3 个月后，也许是 3 年后。同样，我们也无法预料自己会以什么样的契机转换人生方向。不过，我们无须多虑，只要具备通过以前工作储备下来的"三大积累"，不管什么时候都会发现相邻可能性。当下的工作、人际关系以及每天坚持不懈的三省吾身，都与未来息息相关。反之，倘若对待工作漫不经心，凡事都稀里糊涂，不用心积累经验，能发现的相邻可能性便会少之又少，最后只能从有限的选项中挑选职业未来。

虽然我们无法预料转换方向的时机，但可以将诱发契机分为积极与消极两大类。消极情况下，人们会为了自保做出**"防守式转型"**，而积极情况下则会选择**"进攻式转型"**，由此转职到更好的工作单位。此外，根据转型花费的时间长短，还可以分为**"随机应变式转型"**与**"水到渠成式转型"**两大类。不管哪一种转型，都有利有弊，所以大家还是要结合自身情况或根据个人喜好，选择更适合自己的转型方式。

⬡ ①防守式转型

所谓防守式转型，是指为了摆脱消极境况，**守护"三大积累"以及出于自保而选择转换人生跑道**。在种种消极境况下，比如在黑心企业打工，不想再和讨厌的上司一起工作，觉得工作乏味无聊等，人们会渐渐丢失积累"知识技能"和"人脉网"的机会，也无法客观冷静地自我分析，做到"自我理解"。

如果身处的环境会对"三大积累"造成威胁，尽早转型方为上策，没有必要觉得逃跑可耻而让自己一味忍耐。古人云，"三十六计，走为上计"，逃跑也是一种了不起的生存战略。况且，一直待在同一个框格中，只会让自己的视野越来越狭隘，更别说什么"拓展相邻可能性"了，最后陷入山穷水尽的绝境。

接下来，我将对"三大积累"分别会遇到的消极情况进行举例说明。首先，对积累"知识技能"产生不良影响的情况主要包括无法掌握新技能，学不到新知识，在公司日复一日从事重复性工作。其次，由于长时间劳动等原因，导致我们没有时间接触新人，也无法加强人际关系，从而对"人脉网"的构建造成威胁。不仅如此，长时间劳动还会剥夺"自我理解"所需要的内省时间或回顾总结的时间。除了上述情形以外，职场压力过大导致身心健康出现问题，也会对"三大积累"造成损害。总之，凡是令自己无法像以前一样施展才华、发挥技能，无法建立人际关系，在进行自我理解时容易出现负面结论的情况，均属于消极的契机。

如果感觉自己的工作单调乏味、劳动时间太长、压力过大，为了能保质保量完成"三大积累"，有效保护自我，建议大家转换跑道，换个方向重新开始。当然了，在战略转型之前，可以先尝试做一些努力，观察情况能否得到改善。比如，如果继续做同样的工作，会有机会调到其他部门，可以学到新的知识技能；或者挤出一些时间用来读书，加入具有学识内涵的社区等。另外，关于劳动时间的问题，可以和上司进行沟通，或者想办法与压力源头保持一定距离，试着将自己的个人诉求告诉周围相关人员，说不定会有预料之外的收获。

不过，如果做出了种种努力仍然不见成效，请立刻转弯，干脆利落地换个跑道继续前行。待到一个相邻可能性都找不到，毫无挽回余地的时候，便一切都来不及了，所以在"三大积累"被损耗之前，尽快调整战略做出转型，通过体验新的经历重新储备积累，以便为未来开拓更多的相邻可能性。

②进攻式转型

进攻式转型是**在"三大积累"稳态增多的过程中，为了探索更优质的相邻可能性而做出的战略转型。**进攻式转型多源于"天赐良机"，即便没有面临应该避开的消极情况，我们也能有机会对事先放在蜂窝地图中考虑斟酌的相邻可能性进行挑选，展开实践。

我曾在第 1 章为大家介绍过约翰·克朗伯兹（John D. Krumboltz）教授等人提出的"有计划的偶然性理论"，正如前文所言，个人职业生涯八成取决于意想不到的偶然性，所以我们有时也会受到幸运女神的眷顾，获得一些偶然的转型机会。

有观点认为，这些新的偶然机会都是通过"弱联系"带来的。"弱联系"是美国社会学家马克·格兰诺维特（Mark Granovetter）在论文《弱联系的力量》中提出的假说。论文指出，相较于家人、朋友、工作搭档这种强关系（强联系），一些弱关系（弱联系），例如仅有几面之缘的人更容易提供有价值的信息或机会。仅由强联系形成的关系网存在高度互动，成员之间的态度观点都很相似，所以接触到的信息相对冗余，视野也较为狭隘，很难碰到新机会。只有注入一些弱联系，才能从中提取到新的信息或机会。虽然我们在"三大积累"过程中搭建了"广泛多样的人脉网"，但要论进攻式转型的契机，还是要看上述人际关系带来的新信息或新机遇。

进攻式转型不需要对现状做出改变，这一点与防守式转型不同。因此，当前职业和转型后的职业之间偶尔会出现冲突与矛盾。这个时候，我们就需要考虑如何才能顺利转型。为了能更好地介绍"水到渠成式转型"，我先对

"随机应变式转型"进行详细说明。

⬡ ③随机应变式转型

当你遇到一个特别感兴趣的相邻可能性，恰逢天赐良机，正好能助你在新舞台上大展身手，想必你肯定会当机立断、说走就走，干脆利落地转型，不会对当前职业存有一丝留恋。即便没有那么幸运，比如现实情况要求你必须进行防守式转型，由于长期安于现状不做职业改变并非良策，所以你最后还是会尽早转换方向，另谋他路。在上述情况下，**如果迈向下一个框格时出现了非连续性的转变，我们称之为"随机应变式转型"。**

凡是通过转职、自立门户、创业而拥抱新职业的情况，绝大多数都属于"随机应变式转型"。一个转念心中起，从此便在新的框格下专心从事新的活动。但近年来，相较于"随机应变式转型"，选择"水到渠成式转型"实践的人越来越多，他们将战线拉长，身兼数职多头并进，一步一个脚印，从容不迫地朝新框格挪动。现在多用"多重职业""斜杠青年①"来形容"水到渠成式转型"。关于它的具体

---

① 斜杠青年：拥有多重职业和身份，选择多元生活的人群。（译注）

内容，请看下节。

◇ ④水到渠成式转型

　　转型时出现的变化未必都是不连续的，"随机应变式转型"不过是一种类型而已，我们也可以**循序渐进，花数月乃至数年的时间调整转换战略**，即采用"水到渠成式转型"变换跑道。这种转型方式大多会给人一种重心都集中在双腿上，一步一步向前挪动的印象。如果用蜂窝地图的概念来形容，那便是棋子正好压在两个框格的边界线上。

　　采用这种方式转型，可以在尝试职业相邻可能性的同时，继续保持原有的工作状态。近年来，很多人除了做本职工作以外，手中还持有一到两个副业。我们将从事多份工作的模式称为**"多重职业"**。多重职业最常见的模式是公司职员以业务委托的形式接受其他公司的工作，不过也有一些经营者在创立自家公司新业务期间，为了弥补项目赤字，会运用自己掌握的知识技能，接手一些咨询单或制作业务。另外，像我这样的自由职业者也是如此，许多人除了手头的固定工作以外，还拥有其他不同的身份头衔，以此来开展多种工作。

近年来，有些公司职员在跳槽之后，甚至依然以接受业务委托的形式负责前公司的工作，真是不可思议。不仅如此，企业也开始重用非公司内部的人才，逐渐认可多重职业的存在状态，从而进一步加快了"水到渠成式转型"被大众接受的进程。

如果大家想**让当前职业和转型后的职业齐头并进，感受"双重职业"的魅力，或者想先对转型后的职业进行初步试水，**"水到渠成式转型"可谓转换职业跑道时的最佳选择。一旦尝试新职业后发现此路不通，便可以撤回迈出去的脚回到原点。与"随机应变式转型"相比，"水到渠成式转型"能够轻松开始，毫无负担地尝试挑战，这是它最大的优点。

通过多重职业，试错相邻可能性

具体要花多少时间、怎么做，才能实现"水到渠成式转型"呢？以营销员为例，有的在职营销员会运用自身掌握的技能，在网店上出售自己经手的产品（服装、杂货、食品等），即利用市场营销的"知识技能"进行人生转型。不过此时不要贸然辞职，贸然辞职属于"随机应变式转型"，这不是我们的目标，我们最终要实现的是**"水到渠成式转型"，即两者兼得**。可以以营销员为主业保证收入来源，同时将网店运营作为副业进行自我挑战。有主业兜底儿，反而能让我们更放心大胆地去闯荡。即便网店业绩不佳，也可以慢慢发展；若是处处碰壁，运营不顺，也可以关闭网店，停止变换职业轨道，将重心放回到营销员的工作当中。

像这种在容许范围内的失败反倒是人生的宝贵经验，因为我们又积累了新的"知识技能"，而且通过尝试有所发现，得出"这种做法行不通"的结论，本身就算是一种成功。在挑战过程中，倘若有幸遇到贵人相助，还会拓宽"人脉网"，若再加以用心总结，便会有更深刻的"自我理解"。反过来说，如果网店运营成功，想要将精力集中在网店方面，可以将现在的公司工作当作业务委托转成副业，把网店运营作为主业重点发展，甚至也可以选择直接辞职。一切皆有可能。

正如前述，我们需要**一边抑制风险，一边探索自己的可能性，同时还要根据具体情况，灵活处理主副业的精力分配比例**。从开始的 9∶1 以公司（主业）为主，慢慢调整到 8∶2，再到 7∶3，通过逐步增加副业的分量，寻找一个理想的平衡状态。就算感觉自己已经找到了一个平衡点，日后可能又会因为实际情况有变而不断进行衡量调整。这个过程或许会花上数月，或许会经历数年，最后平衡点会落到哪个位置，谁也不知道。可能已经彻底完成了职业转型，步入人生下一个框格，也可能退回至原点等待新的机会，又或者还在为了寻找平衡的节奏而继续摸索。

我自己也没有固定的职业平衡点。2018 年之前，我以"讨论伙伴"（收入比例占 80%）为主业，副业是社区运营（收入比例占 20%），经过"水到渠成式转型"后，现在主副业彻底颠倒过来，"讨论伙伴"（收入比例占20%）变成副业，社区运营（收入比例占80%）摇身一变成为主业。除此之外，我最近又多了"社区运营顾问""线上引导师"等其他副业，由于精力重心发生改变，平衡点也会随之调整变化。

且不说"水到渠成式转型"的窍门如何，我们首先要做的，应该是放松心态，大胆对相邻可能性进行试错实验。只有亲身实践后，才会收获意想不到的发现与机缘，进一步储备到"三大积累"，从而更容易对相邻可能性做出选择。大家可以抱着"试衣服"的心态展开尝试，这样也不会有太大压力。如果是"随机应变式转型"，我们对选择的相邻可能性所付出的精力要一下子从0升高到10。由于面对的是突然性改变，所以心态上肯定不会太轻松。**从减轻精神压力这一角度来说，我更推荐大家选择"水到渠成式转型"。**

⬡ 减轻心理压力的三个诀窍

不过，话说回来，即便"水到渠成式转型"有诸多优点，还是有人会瞻前顾后，无法确定要不要开始做副业。为了减轻大家对从事副业的精神负担，我先为大家介绍三个要点小窍门。

1. 不要急于靠副业赚钱

因为副业中带有一个"业"字，有人就会觉得干副业必须做出成绩，必须和主业一样能赚钱才可以，于是便在无形中给了自己很大压力。但其实，只要主业能保证收入来源，副业能不能赚钱都无所谓。多重职业是主副业的搭配组合，是一种能合理兼顾、两相平衡的工作模式，所以即便副业零收入或低收入，只要能获得金钱以外的财富（知识技能、人脉网、自我理解等），那就值得去尝试，这一点还会在后文做详细说明。

2. 要允许自己失败

做副业，没必要非得逼自己一定要成功。就算失败了，只要能分析清楚失败的原因，从中吸取到经验教训便已足够。

重要的是在过程中有所收获。作为实验来说，有结果即为成功。"不能失败"这种执念只会限制相邻可能性的拓展，除此之外没有任何益处。不过，我们也需要避免某几种失败的发生，比如一无所获的失败、会造成重大损失导致一蹶不振的失败。建议大家尝试做副业时将心态放平，不要考虑高回报，重点强调低风险。

3. 从身边人、身边事开始做起

总有人对要不要开展副业迟疑不决，他们总觉得做副业必须通过销售或市场营销将自己推销出去。但如果开始的契机只是为身边人提供价值，帮对方解决问题，便会打消这层顾虑。和身边人聊天时，可以留心观察对方有什么需求，想一想自己有没有能做的事可以帮到对方。倘若觉得自己的相邻可能性或许恰好能满足对方的需求，那便是一个开启副业生涯的机会。要是收费服务会让对方心生抵触，我们也可以免费帮忙，这些都是小事情。另外，如果服务的对象是身边人，即使失败，对方应该也会有所包容。

◇ 通过副业找到"八大报酬"的平衡状态

在介绍"水到渠成式转型"时，我曾提到过"找到平衡状态"，但实际上达到什么样的状态才算平衡，我当时并没有给出明确答案。为了能清楚地解释这个问题，我们先从工作中能获得的报酬开始说起。

谈起报酬，最先想到的一般都是金钱性质的报酬，但我们投身于各种活动，从中获得的报酬不止于此，除了金钱报酬以外还有许多其他种类。对此，我整理了**"八大报酬"——除了"三大积累"的"知识技能""人脉网""自我理解"，还有"积极情绪""成就""投入""意义"，以及众所周知的"金钱"。**

可能有人会问，"积极情绪""成就""投入""意义"都是什么意思呢？其实这四种元素是我从积极心理学中引用过来的。过去的心理学主要集中在治疗精神疾患上，但积极心理学与此相对，是一门致力于增强人们生活幸福感的科学。作为"积极心理学之父"，马丁·塞利格曼（Martin Seligman）博士曾在 2011 年提出 **PERMA 模型**，该模型将让我们感到更幸福的必要因素分为以下五种：

· **积极情绪**（Positive emotion）

快乐、喜悦、有趣、感动、感谢等积极情绪。

· **投入**（Engagement）

专注于某事沉浸其中，会忘记时间的存在。也被称为"化境（Zone）"或"心流（Flow）"。

· **人际关系**（Relationship）

与身边人之间的联系或相互理解，以及从中产生的合作关系。

·意义（Meaning）

自我行为与社会、世界等更高层次或更广视野的连接。

·成就（Accomplishment）

完成自己设定的目标，成功解决问题麻烦。

取各自英文首字母，便组成了这样一个理论——PERMA 模型。

我想，正因为我们通过工作会获得上述报酬，才能不断转型进步，对九曲十八弯的人生乐此不疲吧。PERMA 模型中的"人际关系（Relationship）"已经包含在"三大积累"的"人脉网"中，于是我便引用了 PERMA 模型中的其他四个元素，加上人生转型的"三大积累"和"金钱"，总共整理出了"八大报酬"。

仅靠一份工作就想将"八大报酬"尽收囊中，可谓难于上青天。正因为如此，我们才要从事多重职业，寻求其中的平衡点，以便全方面均有所获。每个人注重的报酬元素不同，所以寻找平衡点的方法也迥异。比如，在自己看重的报酬中，可以从主业中获得三种元素（例：金钱、技能、成就），从副业中获得另外三种元素（例：自我理解、积极情绪、投入），以对等均分的方式取得平衡。

转型不论年龄

将上述内容总结一下，我们便可看到人生转型的全貌。具体流程为：

①通过工作经验储备"三大积累"；

②借助蜂窝地图发掘相邻可能性；

③用"Will""Can""Need"三项标准进行分析；

④以"防守"或"进攻"为动机，选择"随机应变式"或"水到渠成式（凭借多重职业）"的转型方式变换职业跑道。

转型结束后，又会回到第①步。只要职业生涯还在继续，就会不断重复①~④的过程。不过，我们这样进行人生转型究竟能持续到什么时候呢？我觉得这件事本身根本没有年龄限制。**不同年龄段有不同的人生转型策略**，大家可以针对这个话题思考一下。

《充实人生》（*Full Life*）（NewsPicks 出版，2020 年）的作者石川善树博士曾在书中提出可以将人生百年划分为一年四季的说法，我想在这里冒昧引用一下，将人生百年简单分为四部分：0~25 岁为春，26~50 岁为夏，51~75 岁为秋，76~100 岁为冬。

0~25 岁的人生春季属于上学和接触工作的时期，在这个阶段，我们主要学习掌握一些基本"知识技能"，由于"自我理解"尚为懵懂状态，所以不管做什么，好奇心就是最好的指南针。26~50 岁的人生夏季是通过工作提高自我专业性和独创性的阶段，在此过程中，掌握的"知识技能"种类增多，工作范围变广，"人脉网"得以拓建，"自我理解"也越发准确深刻，可能会找到自己想做的事情，"三大积累"的储备应该会在这个时期达到巅峰状态。51 岁开始迈入人生之秋后，随着体力的衰弱，虽然"知识技能"方面会有所下滑，但工作会做得越来越从容，有更多的时间和精力拓宽或深化"人脉网"的发展。毕竟能帮助我们度过人生冬季的不是"知识技能"，而是"人脉网"，所以我们需要提前在秋季做好过冬准备。待到 76 岁步入人生冬季后，我们运用秋季积攒的"人脉网"，遵从"自我理解"后的本心，做着自己喜欢的事，一直走到百岁终点，为人生画上圆满句号。当然，随着年龄的增长，肉体和认知方面的衰退无可避免，因此我们能做的事也相对有限。不过现在运用科学技术，只要眼球能动，就会打出文字，所以哪怕日后真的不幸卧病瘫倒在床，也可以与人交流，发表自己的所思所想。

通过根据不同时期储备转型所需要的"三大积累"，只要你想，人生便可以实现不断转型。当然，毕竟不是每个人都有这样的想法，有些人对年老后的生活有着金钱方面的顾虑，他们不会选择依靠这些积累，而是想用金钱来解决一切。但我认为，正是因为有这些金钱以外的收获，我们才能幸福快乐地过完一生。

第 **3** 章

实现积累的前期动作
前篇

人生转型，始于足下

在此之前，我们以人生转型所需要的"三大积累"——"知识技能""人脉网""自我理解"为中心展开了讨论。可能有些人会因为在之前的工作中没有积累到这些经验而备受打击。不过，**人生转型和过去没有关系**。无论你的学历有多高，你的经历有多么光鲜，那都只不过是简历上的漂亮标签而已。**重要的是标签内部所包含的经验**。从今天开始，改变自己的意识，**认真对待当下的工作**，一切都还来得及。只要能做到这一点，不管什么时候，我们都能依靠工作经验站在储备"三大积累"的起跑线上。

下面我将举一些具体的人物示例，证明学历和职业无关。

作为 GMO 互联网集团的董事长兼总经理，熊谷正寿管理着包括上市公司在内的 100 多家公司，他从高中退学后就开始帮助父亲打理公司业务，27 岁创业，37 岁那年公司成功上市。负责企业软件开发等业务的 Sun Asterisk 在亚洲 6 座城市拥有 1500 多名员工，其董事会 CEO 小林泰平也是高中辍学，在他 36 岁那年公司成功上市。另外，DMM 的董事长龟山敬司、ZOZOTOWN 的创始人前泽友作也都只有高中学历。

由此可见，有些人虽然不是大学毕业，但也能出人头地。高学历的大学毕业生只不过是参加高考成功了而已。如果没能好好珍惜之后的大学生活，虚度光阴，那他们和高中毕业生相比，不但毫无优势，还比对方晚进入社会 4 年（如果延期毕业，时间就会更长）。15 岁到 25 岁本该是拼命工作、努力学习，为人生转型储备"三大积累"的大好年纪，而他们却白白浪费了这个宝贵机会。

人生转型和过去没有关系。就像我在第 1 章和第 2 章中所说的那样，对我们而言，最重要的是在蜂窝地图的"当前"框格里进行"三大积累"，从而不断增加拓展相邻可能性的框格，以便我们持续前行。

不过，不管"三大积累"储备得多么到位，单凭这些也并不能让我们成功实现人生转型。就像无论内心再怎么渴望行动，一旦被套上枷锁就无法动弹一样，**有些因素在阻碍着我们实现人生转型**。在采取以实现人生转型为目的的动作之前，最好先对这些阻碍因素有所了解。它们分别是"没钱""没人理解""没时间"，统称"三没"。

人生转型的阻碍因素——"三没"

用汽车来比喻的话,"知识技能"和"人脉网"是前进的油门,"自我理解"则是决定方向的方向盘。可如果同时踩油门和刹车会怎么样呢?不但不能前进,反而可能会因为失控而酿成事故。同样地,要想实现人生转型,必须先消除那些相当于刹车的阻碍因素。那么具体有哪些阻碍因素呢?我们又应该怎样处理它们呢?

◇ ①没钱

在第 2 章中,我提到过"八大报酬"。我们从工作中能得到的报酬包括"知识技能""人脉网""自我理解""积极情绪""成就""投入""意义""金钱"这八类。其中,金钱和其他七种报酬的特征稍有不同。

除了生活自给自足的人以外,对大多数人来说,没有钱,生活会处处受限。想要维持生活,<u>**金钱"必不可少"**,**而其他七种报酬都是"锦上添花"**</u>。税金、房租、餐费等方方面面都离不开钱。诺贝尔经济学奖获奖者丹尼尔·卡内曼（Daniel Kahneman）教授的研究表明，当收入超过一定程度时，幸福感便很难再上升，说明并不是越有钱就越幸福。话虽如此，可有钱的确能避免很多不幸的发生，并且在大多数情况下，金钱还能为我们提供更多的人生选项。

尤其在人生转型阶段，收入会变得暂时不稳定，只要我们手头能有几个月的生活费，就会更容易采取果断行动。另外，当我们想要远离长时间劳动，进行"防守式转型"时，如果手头宽裕的话，我们不用担心生活费的问题，可以暂时离开原来的职业，冷静思考接下来可以选择的相邻可能性。

比起增加收入，控制支出更为简单，所以要想存钱，首先要降低固定消费。其次，要坚持按照一定的金额或比例存款。另外，如果有伴侣，可以先借助伴侣的力量，用对方赚取的生活费帮助我们度过收入不稳定的时期。

当然了，当伴侣要进行人生转型时，我们也会为对方提供支持，这就是所谓的"相濡以沫"。

话虽如此，但其实大部分的人生转型都不需要花钱，除了开店等特例以外。因此我们**没有必要储存大笔金钱**。

如果真的有那么多存款，不如用那些钱来换取时间和机会，储备"三大积累"更为划算。过度存钱就等同于"没有获得原本用金钱就能换取的经验"，属于丢了西瓜，捡了芝麻，是一种机会损失。存款太少会缩小我们的选择范围，但存款太多也并非明智之举。存款这件事，适度即可。

◇ ②没人理解

日语中有一个词叫"媳妇拦路"（嫁ブロック）。这个词的意思是指本应该支持自己的伴侣，却反对自己进行人生转型等挑战。虽然听来可悲，但它背后的原因不仅在于和伴侣之间的关系出现了问题，还体现了伴侣对"转变"本身的不安与担忧。虽然具体情况还要具体分析，但最重要的是不要感情用事，也不要直接放弃，而是**要冷静地沟通对话**。

通过沟通，告诉对方自己为什么需要进行人生转型，人生转型会给两个人带来怎样的未来，也可以互相交流一下各自原本对未来抱有什么样的构想。如此一来，不仅能讨论出人生转型的好与坏，还能了解不进行人生转型的利与弊，从而帮助我们进行综合判断。

对自己而言，首先要做的是尽自己最大努力，争取对方的理解。但我们也需要记住一点，如果始终得不到对方的理解，**最终还是要自己做决定**。毕竟这是自己的人生。即使一开始不被理解，可能之后会逐渐得到理解。我以前做职业顾问的时候，和一个被父母反对进入风投企业工作的大学生交谈过。对父母的话言听计从，与不顾父母反对、做自己想做的事，让他们看到自己愉快工作的样子，究竟哪一个才算是孝顺父母呢？我和那位大学生考虑再三，最后他还是去了自己想去的风投企业。听说现在他的父母也理解了他当初的选择。不管怎样，哪怕周围没有一个人理解自己，最终还是要自己做决定。

如何寻求职场中的理解？

除了要获得家人的理解，有时候还要在职场中取得公司的理解。比如，当我们想要做副业时，需要向公司申请并获得批准。即便申请被批准，如果没有得到周围人的理解，可能也会遭人误解："只顾做自己的副业，都不把公司业务这份主业当回事了。"为了避免出现这种情况，我们也需要提前和同事、上司做好沟通工作。

在副业中获得的"知识技能""人脉网""自我理解"

应该也能为公司的本职工作发挥作用。为了让公司认可自己做副业的意义，最好<u>对能通过副业获得的"三大积累"进行整理，并对它们如何在本职工作中发挥作用加以说明。</u>例如，假设我们凭借副业拓展了新的"人脉网"，从公司业务层面来说，就有可能将其发展为客户企业或合作企业。而且，我们从事副业一般都会掌握一些技能，比如推进业务进度的技能和领导能力等，这些也都会在本职工作中发挥作用。员工个人通过副业积累下来"知识技能"和"人脉网"，对公司而言也是一份宝贵财产。

基于以上观点，EN factory 股份有限公司打出了"禁止埋头做主业"的人才管理理念。

公司每隔几个月就会组织一次会议，让员工向全体人员汇报自己正在做什么副业，从而将该理念彻底下沉到每位员工的工作模式中。由此，做副业在公司内部蔚然成风。越是优秀的人，在公司外部发现了自己想做的事情之后，就越容易辞职。据说这家公司之所以如此煞费苦心，也是为了留住优秀人才。既然员工通过副业这种"非主流比赛"增强了个人实力，那他们在做公司本职工作时，想必也会表现得更加出彩。

如果你已经向公司充分说明了员工做副业对公司也大有裨益，但对方依然不予认可，那我们不妨态度强硬一点，委婉地告诉公司"如果公司不允许我做副业，我会考虑辞职"，这也不失为一种手段。若只是点个头的事，就能防止员工离职，想必公司也不得不批准吧。不过这种方法的适用对象有限，只有在公司内备受好评，辞职后会让公司感到困扰的人才使用才会有效。假如没有把握让公司费尽心思挽留自己，还可以选择其他方法——平时做好本职工作，严格落实自我管理。如果本来就经常迟到或者无法在截止日期之前完成工作，那在做副业之后，这些问题可能会越来越严重。为了让大家相信自己"不会因为副业而忽略本职工作"，就要在日常工作中给大家留下"严格遵守时间和截止日期，能够做好自我管理"的好印象。

⬡ ③没时间

每个人都拥有时间资产，可时间每时每刻都在流逝，待这份资产耗尽之时，便是我们迎接死亡的时刻。所以，**如何使用时间就等同于如何使用自己的生命**。但很多人竟然选择把使用时间的主导权交给其他人。也因为这样，他们既不能按照自己的意愿来利用时间，也无法采取行动来为人生转型做准备，只能眼睁睁地看着时间白白溜走。那么，怎样才能将使用时间的主导权掌握在自己手中呢？这里我有一个小妙招推荐给大家。

那就是**提前将重要的计划写进日历**。在别人拜托自己做什么事情之前，先把自己想做的事情（见想见的人、陪伴家人、思考某些事情）以计划的形式写进日历。提前将优先级较高的计划安排在日历里，从而能够确保自己有足够的时间来完成。对于别人委托给我们的事情，可以见缝插针，安排在优先级较高的计划之间。

关于时间的使用方法，有这样一个比喻故事。假设面前有一个瓶子，我们要往里面装石头和沙子。如果先将沙子放到瓶子里，再放石头，就无法将所有的石头都装进去。但如果先放石头，再放沙子，沙子会流入石头之间的缝隙里，这样就能把所有的沙子都装进去。这个比喻与刚才提到的日程安排小技巧有异曲同工之妙。瓶子是我们的人生。对自己来说比较重要的计划是石头，而一些无关紧要的计划则是沙子。在人生被这些无关紧要的计划填满之前，记得一定要先把重要的计划放进瓶子里。

如果日程已经被沙子（无关紧要的计划）填满了，那**就把不打算做的事情挑出来，果断拒绝**。虽然拒绝可能会让对方失望，但也只是让对方失望而已。拒绝可能会失去宝贵的机会，但不要忘记，不懂得拒绝会让我们失去拥抱新事物的机会。先集中精力做自己应该做的事情并努力做出成果，再腾出空余时间采取行动，为实现人生转型储备积累。如果当前所处的环境甚至让自己丧失了拒绝的权利，就说明我们必须进行"防守式转型"了。离开那个地方，保护自己和"三大积累"。**逃跑一点都不可耻，**因为它能帮助我们拓宽未来人生转型的可能性，所以我倒觉得逃跑是一个非常了不起的选项。

实现积累的六个前期动作

一旦消除了阻碍人生转型的"三没"因素，无论是进行人生转型也好，还是以人生转型为目的来储备"三大积累"也罢，都会变得十分简单。接下来，我们就思考一下，具体应该通过什么样的动作才能储备到"三大积累"。只要明确了这些动作，踏踏实实地付诸行动，就能游刃有余地重复进行人生转型，同时还能掌握人生或职业的主动权。我的确可以告诉大家如何分别针对"三大积累"的要素——"知识技能""人脉网""自我理解"采取行动，但分别行动实在是太浪费时间，于是我便精心挑选了一些动作。将这些动作付诸行动，我们**至少能同时储备到"三大积累"中的两项要素，换句话说，我们可以一石二鸟，甚至一石三鸟**。（图15）

这些动作大致可以分成"结识新人""去新的地方""创造新的机会"三种模式。

每种模式中又包含"立竿见影"和"缓慢起效"两类

图15　实现积累的六个前期动作

	立竿见影	缓慢起效
动作之 "结识新人"	①使用匹配服务	②坚持发布信息
动作之 "去新的地方"	③在活动中登台或组织活动	④加入或主管社区
动作之 "创造新的机会"	⑤打零工	⑥打白工

动作。

第3章主要介绍"①使用匹配服务""②坚持发布信息""③在活动中登台或组织活动"，剩余三项将在第4章中进行详细说明。

实现积累的前期动作
①使用匹配服务

◇ 思维模式

　　与以寻找异性或恋人为目的的交友社交类服务不同，现在越来越多的人开始选择**"商务类匹配服务"**，以寻求与商务或职业相关的会面机会。尤其自从 COVID-19 暴发以来，人们出门见面的机会越来越少，**想要与人见面沟通的需求日益高涨**。以前我们参加活动时，能在现场发现与自己意气相投的邻座人，或者可以在联合办公空间让熟人介绍新朋友，如今像这种只有在线下才能实现的见面机会也变少了。除此之外，还有些人由于工作本身的性质问题（内勤等），导致职业交际面十分狭窄，如果能灵活使用这些"商务匹配服务"，想必对他们应该也很有帮助吧。使用匹配服务时，一般只有在双方都表示"想见面"的情况下，才能互发信息。待发完信息确定好时间和地点（有时候是线上）后，再选择见面或视频聊天。

　　使用异性交友服务时，只要个人简介中有闪光点，就会让对方产生"想见一面"的想法。同样，在商务匹配服务中，我们也会通过个人简介来判断是否"想见对方"。所以，**个人简介的内容十分关键**。我之前通过一个名叫 yenta 的商务匹配服务应用，见了大约 500 人。当时我反复修改自己的个人简介，每修改完一次，都要确认一下约见率。最后总结出，匹配率较高的个人简介具备以下特点。

个人简介的制作原则

1. 内容不能过长

　　个人简介太长会让人丧失阅读兴趣。如果滑动几下手机屏幕都读不完，通常对方会选择直接放弃，而且内容太多还会令人产生一种感觉："即便和这个人见了面，估计他也是单方面地滔滔不绝吧。"所以对方根本不会有想见面的念头。

2. 开门见山，简明扼要

　　看到你个人简介的人，只有对开头感兴趣，才会继续往下阅读。开头最好包括自己正在做的事、自己喜欢的事，以及使用匹配服务的目的等内容。

3. 相比于过去，更注重当下

与其罗列过去的经历，不如告诉对方自己现在正在做什么，目标是什么。由此对方可以判断能否和你一起工作或一起参加项目等。

4. 工作之外的内容也要写

除了本职工作以外，还要写上副业和其他活动。这样不仅会增加可能引起对方兴趣的魅力点，还大大提高了对方想见面的概率。当然了，也可以写上自己的兴趣爱好和家庭成员等。

我在文中放了一页自己在 yenta 的个人简介（图 16），大家可以参考一下具体内容。

上文介绍的**个人简介制作原则，同样适用于现实生活中的自我介绍**。为了能简明扼要地表达出你现在正在做什么，目的是什么，建议大家慢慢推敲，争取做出一份完美的匹配服务专用个人简介。此外，我们在交换名片时，虽然都会报上自己的所属部门或身份头衔，但也仅此而已，并没有与对方建立可以后续合作的关系。因此，比起"你现在正在哪里"，通过自我介绍告诉对方"你将要去哪里"更为重要。

为什么要结识新人

不过，话说回来，我们利用匹配服务结识新人的目的到底是什么呢？首先是为了**拓展"三大积累"之一的"人脉网"**。尤其是要认识在匹配服务中遇到的人，因为我们平常几乎接触不到他们的工作模式和生活方式，所以借此能够直接扩大"人脉网"的范围。我们可以将自己将来想做的事以及现在正在做的事告诉他们，若能引起对方的共鸣，对方可能还会再为我们介绍其他朋友。不过，一味拓展而不深入，作为资源来说，这种"人脉网"十分脆弱，所以在接下来的说明中，我也会对如何深入发展"人脉网"这一问题进行相关介绍。

其次，我们之所以利用匹配服务，不仅仅是为了拓展"人脉网"，还因为**在很多情况下，只有那些平时和我们没有交集的人，才会对我们做出更为客观的评价，而这种客观评价直接关系到"自我理解"**。不知道大家是否听说过"乔哈里之窗"这个词，它是由心理学家乔瑟夫·卢夫特（Joseph Luft）和哈里·英厄姆（Harry Ingham）在 1955 年提出的概念。这个概念将人类的自我特性分为以下四个橱窗。

图16　笔者在yenta上的个人简介

黑田悠介

我叫黑田悠介，是一名自由职业者，目前主要负责"讨论伙伴"和社区设计师的工作。现在经常在Zoom上与来自五湖四海的朋友见面！

yenta是一款首开先河的公认商用交友软件，如果能在上面和匹配到的伙伴轻松地在线聊天，那对我来说就再开心不过了。

以下是我的自我介绍，感兴趣的朋友可以继续往下阅读。

【自我介绍】
以"通过讨论产生新的联系"为主旨开展活动，致力于打造全新职业和社区。

①"职业"方面，我主要从事"讨论伙伴"的工作。通过一对一的讨论，为企业或新业务的启动陪跑助力。业务对象范围广泛，从初创企业到名企大企都有所涉及。

②"社区"方面，我是"民以'论'为天"的社区站主。"民以'论'为天"是一个独特的讨论社区，在这里，人人都可以用平等积极的对话方式建立联系。与此同时，它还是一个实验场，大家在互相尊重彼此意见和价值观的基础上，共同开创新想法，探讨新观点！通过讨论，成员们自然而然地联系在一起，进而展开各种各样的合作。

http://www.gironmeshi.net

除此之外，我还是自由职业者社区"FreeelanceNow"的发起人，曾运营过一个名为"文科自由职业者能维持生计吗"的媒体账号。作为一名"自由研究者"，为了丰富工作方式的多样性，我一直在从事相关活动。

http://freelancenow.discussionpartners.net

【履历大致如下】
东京大学文学部心理学→风险公司职员×2→创业→职业咨询师→自由研究者→讨论伙伴→社区设计师，个人职业经历属于攀爬架型，十分迂回曲折。

※官方网站请点击这里→http://www.discussionpartners.net

图17　乔哈里之窗

	自己了解	自己不了解
别人了解	**开放区** Open self 自己了解、 别人也了解的自己	**盲目区** Behind self 自己不了解， 但别人了解的自己
别人不了解	**隐藏区** Hidden self 别人不了解， 但自己了解的自己	**未知区** Unknown self 自己不了解、 别人也不了解的自己

·开放区（Open self）

自己了解、别人也了解的自己

·盲目区（Behind self）

自己不了解，但别人了解的自己

·隐藏区（Hidden self）

别人不了解，但自己了解的自己

·未知区（Unknown self）

自己不了解、别人也不了解的自己

在"开放区"和"隐藏区"，我们完全可以靠自己来了解自己，但"盲目区"却只能仰仗他人点拨。在匹配服务中结识的人能给我们最直接的反馈，同时也为我们带来了"盲目区"的相关信息。顺便一提，或许在将来的某一天，我们能够凭借各种各样的经历掌握"未知区"的信息，但也有可能一辈子都无法触及。总而言之，通过与他人的相遇，我们能进一步加深自我理解。

在自己获益的同时，**还要考虑如何让对方受益，这样才能帮助我们后续建立信任关系。**

匹配服务的对话时长一般从 15 分钟到 1 小时不等，建议大家利用这段短暂的时间，有目的性地展开对话。所谓目的，即从对方正在做的事情或想做的事情中找出对方的需求所在。如果有自己能帮上忙的地方，可以主动向对方伸出援手，比如提出相关建议，提供有效信息，或者为对方介绍一些比较合适的人选等。这样从中衍生出来的人际关系才更为牢固，也更有可能作为"人脉网"维系下去。

⬡ 第1步　注册匹配服务

首先准备好自己的简介照片和个人简介。没有简介照片的话，要么会让人觉得可疑，要么会被人认为缺乏 IT 素养，所以一定要先准备好个人照片。另外，在对匹配服务进行注册时，个人简介也是必选项，所以提前准备好可能过程会更为顺利。大家可以参照我刚才介绍的个人简介制作原则试着写一下。除此之外，建议各位要定期更新个人简介，比如在完成一次人生转型之后，记得要及时检查更新。我个人更新的频率比较高，每个月都会对个人简介进行调整和更新。

接下来，用准备好的简介照片和个人简介对匹配服务进行注册。如今的匹配服务五花八门，为了方便大家参考，我在这里先为大家介绍一下"Hello Tech 混沌地图"（图18）。所谓"混沌地图"，是指将某个领域的服务或企业进行分类映射的结果。该混沌地图由 Spready 股份有限公司整理制作而成，因为服务本身能帮助个人用户在线结识和自己打招呼的人，所以起名为"Hello Tech"。

我运营的社区——"民以'论'为天"也有幸被列入其中，不过这里不再赘述。先为大家介绍一下其中我经常使用的三个服务应用程序和平台。

yenta

首先要为大家介绍的是 yenta。yenta 是一款发布于

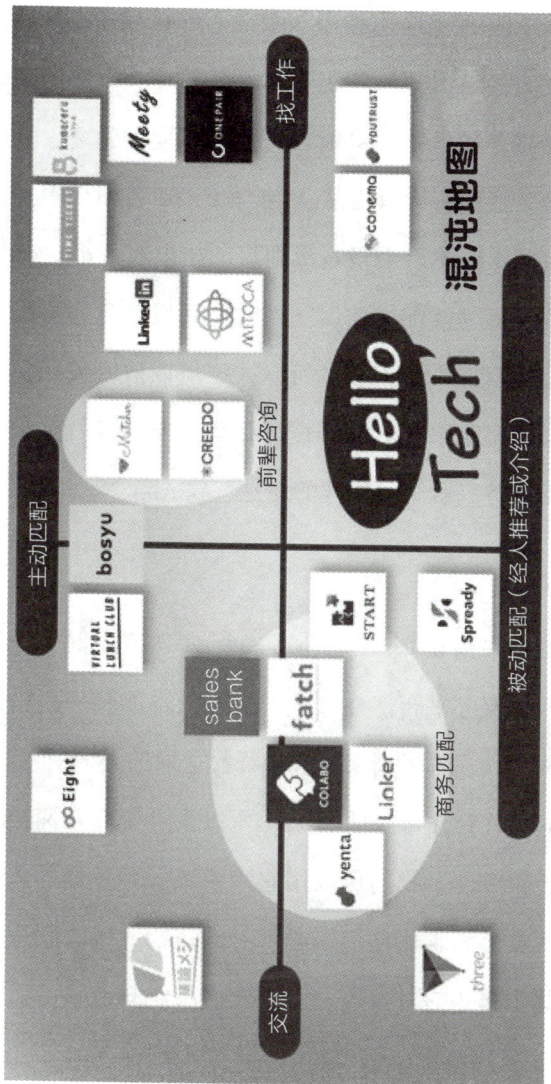

图18 "Hello Tech 混沌地图" 2020年版

出处：Spready 股份有限公司新闻公告 2020年8月27日（https://prtimes.jp/main/ html/rd/p/000000014.0000040560.html）

2016 年的匹配类应用程序，累计匹配次数超过 300 万，主要帮助人们结识各行各业不同的新朋友。**偶然的邂逅能为我们带来各种各样的可能性**，比如转职、创业、接受工作订单等。我们每天只需从 AI 推荐的 10 名用户中挑选出自己想见的人，然后手指右滑即可。如果双方都"想见"对方一面，即为匹配成功，从而就能互发信息。所有的资料都会经由官方平台审核，所以大家可以放心使用。每天滑动页面不是难事，养成习惯后很容易便能坚持下去。若要论匹配服务，我第一推荐的就是这款 App。

bosyu[①]

接下来是 bosyu。bosyu 发布于 2018 年，是一个用来募集招人的服务平台。在这里，每个人都能轻轻松松地制作出募集页面，告诉别人"我想寻找这样的人"。页面制作的前提是要在社交媒体上发布，所以设计都非常简洁，使用起来也很方便。我们可以用它来招募各种各样的人，比如午饭饭友、闲聊伙伴、一起学习的搭档，或者利用自我技能来提供服务的对象等。由于我们已经知道"自己想要寻

---

① bosyu 已于2021年7月31日结束服务。(译注)

找什么样的人"，所以使用 bosyu 遇到的偶然性可能会比 yenta 低一些，不过反过来说，这样我们<u>会更有可能遇到自己想见的人</u>。

虚拟午餐俱乐部（Virtual-Lunch club）

最后要介绍的是"虚拟午餐俱乐部"。这是 2020 年刚刚发布的一个匹配服务平台。利用这个平台，<u>我们可以一对一地视频通话，氛围轻松自然，如同与对方一起吃午饭一样</u>。不需要借助 Zoom 之类的工具，只需在平台内点一下按钮，就可以视频通话。不同于依靠 AI 推荐的 yenta 以及等待募集的 bosyu，在该平台上，我们可以浏览、搜索到众多用户的个人简介，并且要通过自己主动申请的方式来建立匹配关系。可能有人会因此而有所顾虑，不过在这款服务的时尚设计和新颖概念面前，我们会发现其实申请也没有想象中那么难。

在上文中，我介绍了 yenta、bosyu、"虚拟午餐俱乐部"这三个我常用的服务应用程序和平台。除了这三项以外，还有各种各样的匹配服务，大家可以找一找，看哪一款更适合自己。

⬡ 第2步　和匹配到的人见面

利用这些服务匹配成功后，我们就要互发信息，约对方在线下或线上见面了。可能有人不擅长和初次见面的人交谈，所以我先给大家介绍一些<u>匹配服务中的聊天技巧</u>。首先要抛出一个"共同话题"。可以是天气，可以是气温，可以是 COVID-19，也可以是远程办公。另外，可以试着问对方一句"你最近怎么样"，这也是一种行之有效的办法。如果以这种笼统的方式提问，对方就会主动找一些可聊的话题作为切入点，这样我们就不用担心"踩雷"的问题，可以顺着对方的话题，以提问的方式不断深入。首先，最关键的一点是<u>要向对方不断提问</u>。如果能从态度上表明自己对对方有兴趣，对方也会相应地对我们产生兴趣并进行提问。

聊天是由问题和回答构成的。反过来说，如果没有提问，聊天就不会再进行下去。"天气真好呢""是啊"，这样的对话用不了多久就会画上终止符。为什么？因为没有提问。"天气真好啊。最近出门了吗?""最近会在家附近散散步。""是工作累了出来放松一下，所以去散步吗?""不是，我一般都会晚上出来走走路，习惯了。""原来是夜走锻炼啊。感觉最近这段时间晚上的气温很适合出来步行呢。我就不行了，最近缺乏运动……"像这样反复进行提问，话题自然而然就能持续下去。在谈话的开局阶段，比起实质内容，**先建立起能够相互提问的关系更为重要**。

在紧张得到缓解之后，我们就可以进行自我介绍了。当双方都还处于闲聊的适应阶段，突然将自我介绍的话题搬出来："我们来做一下自我介绍吧"，于是两个人就按部就班地"互亮身份"——虽然这种做法不是不可行，但似乎有些生硬。我建议大家先抛出一个问题："你最近都将时间和精力花费在哪些方面呢？"这样就可以直接把话题过渡到对方的日常主要活动和兴趣上了。倘若还想进一步了解细节经历，记得提前看一下对方的个人简介就好。

另外，在谈话过程中如果发现对方和自己有共同点，一定要告诉对方。比如出生在同一个地区，拥有相同的经历，或者喜欢同一样东西，这些事情虽小，但不容小觑，因为凭借这些，我们就能加深彼此之间的关系，后续的谈话也会更顺畅热络。

临别前要做的事情

愉快的交流时光总是很短暂，不知不觉双方就要说再见。在见面接近尾声的时候，我们还有两件事要做。其一，根据从谈话中获取的信息，如果<u>感觉双方今后有合作的可能，要直接告诉对方</u>，或许就会因此而收获一份副业。我们可以告诉对方自己能提供些什么，也可以表明自己的需求或对对方的期待。以我个人为例，我一般会告诉对方"如果您遇到需要讨论的问题，可以随时联系我"；以及"如果您的朋友有这方面的需求，也可以随时来找我"，有时也会因此而为自己争取到一份"讨论伙伴"的工作。其二，<u>要询问对方对自己的印象</u>。首先，我们要向对方表达谢意，感谢对方此次能来见面，同时还要说出自己对对方的感受。这样一来，对方也会以同样的方式给我们反馈。类似这种来自他人的反馈和评价会帮助我们进一步加深"自我理解"。

◇ 第3步　养成习惯

建议大家在利用匹配服务时尽量多和人见面。因为我们无法预知哪段关系会在什么时候发挥出"人脉网"的作用，养成习惯后，不用刻意勉强自己，自然而然地就能坚持使用匹配服务，为自己拓展新的人际关系。为此，首先要保证与他人见面的时间。正如在阻碍人生转型的"三没"之一"没时间"一项中所述，如果对与他人见面的时间足够重视，就要将其提前安排在日历上。此外，要想培养定期使用匹配服务的习惯，最好在日历上标好时间，方便提醒自己。**若能将结识新人变成一种习惯，那么"三大积累"的储备也就水到渠成了。**

另外，通过匹配服务与人见完面后，还要养成事后联系的习惯，这一点也非常重要。首先要向对方表达感谢，可以为对方提供一些有参考价值的信息，或者介绍一些可能对对方有帮助的人。除此之外，如果你在举办酒会或活动时能邀请对方参加，对方应该也会感到十分惊喜。以这样的方式，**将一面之缘发展成长久的联系，也是使用匹配服务时的一个关键点。**

有时间的话，可以将自己见过的人整理出一份列表，一旦有需要，便能直接搜索列表取得联系。

图19 实现积累的六个前期动作① 总结

①利用匹配服务

	立竿见影	缓慢起效
动作之 "结识新人"	①利用匹配服务	②坚持发布信息
动作之 "去新的地方"	③在活动中登台或组织活动	④加入或主管社区
动作之 "创造新的机会"	⑤打零工	⑥打白工

思维模式
- 匹配服务有助于拓展"人脉网"
- 可以通过"盲目区"加深"自我理解"

第1步 注册
- 精心编写个人简介
- 务必准备好简介照片
- 选择适合自己的服务

例：yenta、bosyu、"虚拟午餐俱乐部"

第2步 和人见面
- 抛出共同话题并提问
- 最后要互相给予对方反馈

第3步 养成习惯
- 提前将安排写进日历
- 事后联系
- 将见过的人整理成列表，方便在有需要时尽快取得联系

实现积累的前期动作
②坚持发布信息

◇ 思维模式

移动互联网时代，人人能以多种方式发布信息，文字、图片、视频、音频等，形式变化多种多样。可是，我们为什么要发布信息呢？又不是每个人都想成为网红。只是因为通过发布信息引起他人注意，可能会让我们更容易拓展"人脉网"，仅此而已。我们发布信息不是为了成为拥有大量粉丝的网红，而是**希望能多有一些愿意相信或信赖我们的人，哪怕人数不多也无所谓。**

正如第 2 章对"人脉网"的说明所述，信用信息要通过提供价值来积累，而信赖关系是凭借共鸣才得以构建。

因此，发布信息时要遵循两大方针：第一，通过发布有价值的信息让对方相信自己，即发布的内容要"有用"；第二，发布内容所体现的自我想法、价值观、想做的事情要始终如一，如果想让对方产生共鸣并取得对方的信赖，就要反复发布信息。

发布"有用"的信息

什么叫作发布"有用"的信息呢？比如说，**发布网上没有的信息**。举个例子，很多人都会以文章或视频的形式将自己读过的书的梗概发布在网上，但那不过只是 1 本书的梗概而已。如果以"策划岗必读的 10 本书之精华"为题，对多本书进行总结概括，最后提炼出的内容便是"网上没有的信息"。因此，作为有效方式之一，我们可以选取新的切入点，对信息进行整理和发布。另外，亲身参加活动或会议后整理出来的纪实报告也属于网络上的缺乏信息。对于没能参加或想重温现场的人来说，这些都非常有用。除此之外，我们还可以**用本国语言介绍那些在国外大热，但尚未被国人知晓的事物**，这也是一个行之有效的办法。就我自己而言，我有时会尝试使用国外的一些服务，然后把使用感受发布在网上。仅仅复制粘贴或二次加工网上搜来的信息，很难会发挥有效作用。

"反复"发布信息

"反复"发布信息又是指什么呢？这里并不是指让大家

单纯重复同样的话。在发布信息时，我们的语言表达和遣词造句可以多种多样，但更重要的是要保证自己表达的想法和价值观本质上是一致的。不管是对日常新闻进行评论也好，还是针对身边发生的事书写感想也罢，都可以穿插一些共通的想法。举个例子，假如一个人想找一份销售工作作为副业，那他/她就可以发布相关文章，让看客能透过文章感受到作者本人想要做销售类副业的想法。当然也可以对日常生活中看到的商品发表自己的看法——"如果是我的话，我会这样卖这件商品"。通过坚持发布相关内容，说不定有人就会觉得"这个人对销售工作很有想法，真有趣"，从而引发对方的共鸣。还有，如果想从事设计方面的工作，可以针对平时使用的应用程序构思一些设计方案，并不断发布出来，告诉大家"如果是我的话，我会这样设计"。虽然这些都不能算是"有用"的信息，但**由于本质上具有一贯性，所以很容易引起他人的共鸣，也容易被人记住**。

就我自己发布的信息而言，我经常会仿照社区的形式发送一些日常的生活感受，以此让人觉得"这个人对'社区'很有想法"，从而对我产生共鸣并记住我。

信息发布的技巧

如果一味追求"有用"，很快就会陷入找不到话题的尴尬境地。反过来说，总是单调地重复，又有过于强烈地主张自我之嫌。因此，**将两大方针结合在一起，并掌握好内容发布的平衡比例才是明智之举**。发布信息的时候，**最好亮出真容，实名发布**。当然，具体情况还要看自己所属公司的方针如何，实在难以做到的情况除外。如果采用匿名的方式，通过发布信息所获取的信用信息或信赖关系都无法与你本人产生直接联系，也无法作为"人脉网"发挥应有的效用。另外，在实名的情况下，你自己的背景信息也能为发布的内容添砖加瓦，更容易获得他人的共鸣。

发布信息贵在坚持。究竟怎样做才能通过发布信息帮助别人，引起大家的共鸣呢？坚持一段时间，就能慢慢有所了解，知道如何改善了。通过不断实验，比如调整发布时间、字数、说法措辞等表达方法，寻找更为合理的发布方法。另外，坚持发布还可以积累信用信息，加深别人对自己的信赖，从而为发展"人脉网"打下基础。

一旦有机会进行人生转型，只要发消息告诉大家"我在找副业"，或者"我在考虑自立门户"，相关的副业信息或自立门户后的工作机会就会自己找上门来，这些都得益于之前积累的信用信息或信赖关系。

另外，还有一点非常重要，那就是**只要坚持，便很容易和偶然性撞个满怀**。比如，在一个偶然的机会下，我们无意间发的一条信息被某个网红看到并带动了大量转发，可能一夜之间就会涨很多粉丝。或者因为机缘巧合，某个对我们发布的信息感兴趣的人可能会为我们提供一个意想不到的机会。就我自己而言，我以前针对国外某家初创企业的服务写过一篇使用报告，而这份报告恰巧引起了那家初创企业总经理的注意。之后，他便直接和我联系，我也因此而获得了一个工作机会。发布 1 条消息和发布 100 条消息相比，显然后者会更容易遇到类似的偶然性。大家还记得第 1 章介绍"有计划的偶然性理论"时，我们曾说过的五个行为特征吗？其中就包含"持续性"。在利用前文介绍的匹配服务时，我们采取的所有动作都是为了保证每一次见面的质量。与此相对，在发布信息方面，我们更看中次数，重视坚持，可以说二者在这一点上形成了鲜明对比。

如上所述，坚持发布信息固然重要，但我们总会有无事可写的时候，这也是不争的事实。当遇到这种情况时，建议大家**"专门为某个人发布信息"**。网红要面向大众发布信息，可我们不是网红，完全可以专门为某个人发布信息。倘若有朋友正在为某件事而烦恼，那我们可以尝试汇总一些有用的信息发出来。至少这样能取得当事人的信任。而且，在多数情况下，一个人的烦恼其实也代表了很多人的烦恼，所以我们发布的信息很可能会对许多人都有所帮助。请大家记住，当不知道要发布什么内容的时候，可以将注意力聚焦到某一个人身上，想一想与对方有关的话题，然后作为素材加以使用。

树立旗帜

除了前文提到的"有用"和"反复"，有时候"树立旗帜"也十分重要。所谓"旗帜"，**就是类似想将人们聚集在一起的想法或意志的表现**。就公司而言，即为愿景。话虽如此，我们也没必要树立那种具有社会意义、以实现宏伟愿景为目标的伟大旗帜。只要能表明自己想做什么便已足够。悄悄地树立起一面旗帜，然后静静地等待别人发现。或者也可以试着告诉某个人，"我树立了这样一面旗帜，你觉得怎么样?"

由此，**对这面旗帜产生共鸣的人就会慢慢聚集到我们**

身边，"人脉网"也会随之得以拓展。另外，冷静地审视自己树立的旗帜，还会给自己提供一个思考的机会，让自己看清这面旗帜是否反映了真实的自己，是否与自己想做的事情背道而驰，从而加深"自我理解"。发挥旗帜作用的可能是一篇绞尽脑汁写出的博文，可能是一张众筹页面，也可能只是一段不经意间的碎碎念。

关于信息发布的频率，建议大家按照"有用的信息>反复发布的信息>旗帜型信息"的顺序发比较好。当把发布信息培养成一种习惯后，其本身就会变成你自己的一项"知识技能"。我们不仅可以发布自己的事情，还可以发布与自己相关的项目或企业的信息。现如今，发布信息已经成为全场景下不可或缺的一项"知识技能"，所以在进行人生转型时，它应该也会是一张非常实用的卡片。

⬡ 第1步 确定发布主题和发布平台

在上文中，我将信息分为"有用""反复""树立旗帜"三种类别，并依次进行了相关说明。但在现实生活中，我们发布信息时使用的都是同一个账号。如果三个类别的主题内容相差过大，就会导致账号失去一贯性，好不容易发布的信息也很难达到让他人心领神会的效果。所以，**要尽量保证主题的一贯性**。我们选择的主题可以是自己从事的工作，也可以是自己感兴趣的事物。总之，要选择一个让自己容易坚持下去的主题。

发布主题

就我自己而言，我从 2015 年自立门户成为自由职业者的那一刻起，就打算以"自由职业者"为主题发布信息，于是便创建了一个名叫"文科自由职业者能维持生计吗"的博客。虽然 2018 年以后我几乎没有再更新过，但到现在还会有人陆陆续续地进去访问查看。博客里发布的都是实用型文章，有面向自由职业者的内容，比如获取工作的方法和方便运用的工具；也有面向企业的内容，主要包括与自由职业者打交道的技巧等。每写一篇文章，我都抱着一个信念，那就是要为自由职业者提供更多的工作机会，丰富他们工作方式的多样性。

我想方设法地不断重复这个主题，偶尔还会树立起旗帜，告诉大家我为此又创建了一个什么样的社区。

借助博客的力量，我慢慢积累到了信用信息，赢得了大家的信赖，继而进一步拓展了"人脉网"。我能以一名自由职业者的身份顺利开展工作，很大程度上都得益于此。不仅如此，这些关系还帮助我获得了实现人生转型的机会。可能一开始得不到任何回应，但只要我们孜孜不倦地积累"信用"和"信赖"，关注者就会越来越多，也会有人愿意转发分享我们的文章。我想，这些都是因坚持不懈才能获得的礼物。

发布平台

话说关于发布平台的选择问题，我觉得没有必要硬着头皮选择一个全新的平台。**自己目前正在使用的平台也好，周围人都爱用的 SNS 也罢，只要选择一个顺手的软件应用或平台即可。**我们的目的不是成为网红，没必要在新的平台上争取先行者优势，吸引公众的目光。只不过为了慎重起见，还是对具有代表性的平台梳理一下特征会比较好。首先，Facebook 的扩散性相对较低，适合用来维持或加强现存关系；Twitter 的设计更容易扩散信息，适合用来发展新关系、寻找更多的偶然性。

而且 Twitter 上还会经常出现热门话题，很容易让人或事在短时间内迅速走红。另外，Instagram 是一款通过主题标签将兴趣相同的用户联系在一起的社交应用软件。除上述几个服务应用外，Tik Tok 等平台虽然能通过视频的方式将大家联系起来，但不太适合我们用来发布信息以获取大家的信任或信赖，所以在这里不做赘述。

⬡ 第2步　养成发布信息的习惯

发布信息贵在坚持。为此，培养习惯至关重要。只要养成了发布信息的习惯，之后就不用再依靠努力或意志力这种虚无缥缈的东西，自然而然便能持续下去。因此，在初期阶段我们要稍微花些工夫，养成发布信息的良好习惯。

找到节奏

要想养成习惯，首先要找到节奏。<u>**我们可以先定好发布信息的时段或明确在周几发布**</u>，比如给自己制定一条"每天上午发送内容"的规则等。如果很难做到每天发布，也不要勉强自己，先坚持每周发布一到两次也没关系。此外，为了避免自己单次发布信息时花费过多时间，建议准备一个计时器用来计时。每次都坚持计时，这样就能轻松预测出自己将要花费的时间。

提前预测时间其实还有一个非常重要的用处。假设写一篇博客预计会花费 20 分钟，那我们就可以试着将时间缩短为 16 分钟。难度的增加不仅能促使我们提高注意力，还能让我们获得成就感。这种通过调整难易度来激发高水平发挥的状态叫作"心流（Flow）"。"心流"是心理学家米哈里·契克森米哈（Mihaly Csikszentmihalyi）提出的概念，在体育运动中被称为"化境（Zone）"，日语翻译为"忘我状态"。人在"心流"状态下，会埋头于眼前的事情并乐在其中。**利用"心流"作用，我们可以将发布信息从"不得不做的事项"升华为主观享受的"想做的事项"**。但是，如果将难度设置得过高，会很容易引发焦虑情绪，导致我们无法顺利进入"心流"。其中的秘诀就在于，要将难度设置为"全力以赴可以做到"的程度。就我本人而言，在写文章方面，只要将时间预定为平常所用时间的 80%，便很容易让自己进入"心流"状态。

打开开关

另外，**将发布信息之前的流程仪式化，与其他行为组合在一起**，也能帮助我们养成习惯。就像吃完饭要刷牙一样，我们可以在喝完咖啡后发布一条信息。将一个行为作为系列行为的其中一环加以执行，便会自然而然地打开动作开关。这篇文章也是系列行为后的产物——关掉房间的灯，打开电视，电视上播放着篝火的影像，而我在写着文章。关灯、播放篝火影像、写文章——在不断重复这一系列的流程期间，我不知不觉地就打开了写作的开关。

做好存储

除了"节奏"和"开关"之外，"库存"也很重要。对于打算在未来某个时刻发布出来的信息，**一定要做好笔记储存起来，方便需要时直接从中挑选**。我们每天都会有各种各样的经历，假如过程中遇到的事情让我们产生了"这件事很适合当素材"的想法，一定要在遗忘之前记录下来。然而，我们总有库存耗尽的时候，再怎么苦思冥想也不知道该发些什么。这个时候，就不要再单打独斗勉强自己了，可以试着和别人聊聊天，去体验一些不一样的事情，待找到灵感和素材后，记得及时保存，以备不时之需。

回顾总结

此外，还要养成发布信息后及时回顾总结的习惯。了解大家对信息的反应（Facebook 主要看评论和分享，Twitter 主要看点赞和转发），有助于我们改善后续发布的信息质量。可以分别分析反响较为积极热烈的信息和反响平平的信息，从而发现两者之间的差异。如果发布信息的目的是想凭借"有用"来向别人提供价值，积累信用，那就要对内容进行调整，让人从中发现更多的实用价值；如果想通过"反复"来获取共鸣，取得他人的信赖，那就想办法改进内容，让人感受到更强烈的共鸣。

图20　实现积累的六个前期动作② 总结

②坚持发布信息

	立竿见影	缓慢起效
动作之 "结识新人"	①利用匹配服务	②坚持发布信息
动作之 "去新的地方"	③在活动中登台或组织活动	④加入或主管社区
动作之 "创造新的机会"	⑤打零工	⑥打白工

思维模式
- 坚持发布信息会增加相信或信赖自己的人
- 发布"有用"的信息以积累"信用"
- "反复"发布信息以取得"信赖"
- "树立旗帜"以表明自己的想法或意志
- 掌握好"有用"和"反复"之间的平衡，偶尔"树立旗帜"

第1步　确定发布主题和发布平台
- 使用同一个账号
- 确定"具有一贯性的主题"以发布三种类型的信息

例：自由职业者、工作方式
- 确定发布平台

第2步　养成发布信息的习惯
- 找到节奏

例：确定在哪个时间段、周几发布信息，明确完成期限
- 打开开关

例：喝完咖啡后发布信息
- 做好储存

例：记录想法，将在某种经历或某段谈话中发现的内容记录下来
- 回顾总结

实现积累的前期动作
③在活动中登台或组织活动

◇ **思维模式**

　　单纯参加某个活动，带给我们的收获其实寥寥无几。即便有名人以嘉宾的身份来做客，他们介绍的也都是自己书里写过的内容。虽说能见到一些新面孔，但也不过是恰巧和坐在旁边的人聊上一两句，互相交换一下名片的程度而已。应该有不少人参加过这种徒劳无益的活动吧。当然，有些活动现场有引导师在，他们会循循善诱，让观众听到只有在此时此景才能获得的信息；或者活跃氛围，帮助观众进一步加深彼此之间的关系。然而担任这种角色的人并不多见。尽管有人会在活动中主动与各种各样的人交谈，但并不是所有人都是社交达人。因此，在以"三大积累"为目的的行为中，漫无目的地参加活动不能算是一种行之有效的动作。

那么，我们要怎样做才能充分利用活动本身的效用呢？我的结论是：**不要以听众的身份参加活动，而是要"登台"或"组织"活动**。

我仿佛听到有人在喊"等一下"。你肯定认为登台或组织活动对自己来说很困难吧？其实不然。就像我在之后步骤中介绍的那样，无论是公司职员还是经营者，自由职业者还是学生，都能以自己的方式在活动中登台或者组织活动。不仅如此，还能借助这一动作有效地实现"三大积累"。

登台的好处

动作的具体步骤稍后再谈，我们先来想想"在活动中登台或组织活动"这一动作具体有哪些好处吧。

首先，来看"在活动中登台"的相关事项。所谓登台，即**面对观众，不慌不忙地讲述自己的想法或经历**。众所周知，演讲能力在很多场合下都能派上用场，而登台就会帮助我们锻炼这种能力，登台的次数越多，我们积累到的演讲"知识技能"就越丰富。其次，登台毕竟是个特殊场景，在为登台准备演讲内容时，我们会认真审视自己，将自己的所思所想转换成语言表达出来，所以这个过程对帮助我们加深"自我理解"也大有裨益。另外，在活动中登台露面会让更多的人认识我们，而与观众交换名片或互相关注社交平台账号则是进一步拓展"人脉网"的基础。之所以说是"基础"，是因为这只是获取他人信任或信赖前的一个阶段。正如"①利用匹配服务"中所述，最重要的是要与对方在线上或线下一对一见面，即便没有发展到要见面的地步，也要记得事后联系对方，这样就可以将互换名片或互关 SNS 账号的关系发展成为自己的"人脉网"。

在一场活动中登台，还会<u>为其他活动中的登台创造机会</u>。如果其他活动的主办人恰巧参加了这场活动，或者偶然看到了我们参加活动的相关信息，可能就会主动联系我们。因为一场活动的登台，我们获得了在其他活动中登台的机会，如此良性循环，我们就能不断在活动中登台讲演。其实"初次在活动中登台"心理压力都会比较大，所以在之后的步骤中，我会为大家详细介绍具体的实践方法。

组织活动的好处

接下来，我们来想想组织活动都有哪些好处吧。除了在登台的好处中提到的几点之外，组织活动还<u>**"可以邀请自己想见的人登台"**</u>。比如，通过策划活动，我们可以邀请那些平常很难直接见到的名人登台演讲。即便需要支付出场费，也可以从观众缴付的参会费中扣除。而且，许多名人出于宣传已出版书籍等原因，都希望能有机会在大众面前露脸发言，所以邀约可能会意外地很顺利。另外，通过组织活动，我们**可以多掌握一项"知识技能"，即打造大众聚集场所**。从确定活动概念、邀请登台嘉宾、发布通知，到考虑当天观众的满意度举办活动，一切流程都要清晰把控。这种复杂的知识技能能与任意一张卡片搭配使用，因此在进行人生转型时，应该会是一张非常实用的卡片。

此外，在活动中登台和组织活动都能帮助我们**深度学习**。这里我将引用学习模型——学习金字塔进行说明。学习金字塔是学习模型中的一种，通常用一张金字塔状图来表示在不同学习方式下的知识掌握程度（知识留存率）。虽然缺乏科学依据，但其实用起来很方便，经常被人们引用，所以我在这里也引用了此图（图21）。

学习金字塔显示，比起单向的被动学习（听讲、阅读、视听、示范），双向的主动学习（小组讨论、亲自实践、教授他人）的知识留存率更高。近年来，人们将类似于后者的学习方式称为"主动学习"。大多数情况下，参加活动都属于留存率较低的"听讲"和"视听"，但**在活动中登台**

图21　学习金字塔

出处：National Training Laboratories "The Learning Pyramid"

或组织活动就等同于"教授他人"，可以说是一种知识留存
率较高的学习方法。那么，当我们想要掌握某项"知识技
能"的时候，最好的办法或许就是策划一场与之相关的活
动，为自己创造一个教授他人的机会。

⬡　第1步　和组织者取得联系

接下来，让我们思考一下，从来没有过登台经验的人，
怎样才能走上讲台呢？要想在活动中登台，就必须和活动
的组织者取得联系。如果组织者中恰好有自己的熟人，可
以试着联系一下。不过大部分人手上应该都没有这样的

"人脉网"资源。我最开始自立门户的时候便是如此。所以我现在按照顺序，一步步为大家介绍我在初次登台之前所采取的具体行动。

首先，要确定好自己的主题。在"②坚持发布信息"中我曾提到过确定主题的重要性，同样，要想登台，也要明确演讲主题，这样我们在做自我介绍的时候就能告诉大家，"我对××略有研究"。**定好主题后，接下来就要寻找与主题内容相关的活动**。建议大家在 Facebook 或 Peatix 等平台上搜索活动信息。我之前专注于自由职业者这一主题的时候，一般都用"自由职业者""自立门户""个体经营者"等关键词来检索活动。

在检索的过程中不断调整变换关键词，可以大大提高我们发现有效信息的概率。如果没有找到心目中的理想活动，也可以选择相近的主题活动。顺便一提，即便是过去举办的活动也没问题。不管是即将举办的活动，还是以前举办过的活动，总之只要和自己的主题接近就可以。

找到与自己的主题相近的活动后，接下来就要在活动页面上**寻找组织者的相关信息**。如果上面有组织者的 SNS 账号或邮箱等联系方式，可以试着联系一下。若找到的是过去举办的活动，在联系该组织者的时候一定要告诉对方，"如果您今后再举办相同主题的活动，希望您能给我一个登台机会"；若找到的是即将举办的活动，在联系该组织者的时候就要告诉对方，"希望您能给我一个在这场活动中登台的机会"。倘若是后者的情况，组织者基本都已经敲定了登台的人选，不过对方还是可能会在下次举办活动的时候邀请我们。因为活动的组织者有时候也会为邀请谁做嘉宾而苦恼不已，所以不会白白错过我们这些毛遂自荐的人。通过像这样与组织者取得联系，我们就会获得一些登台的机会。至于实际的活动现场如何，我们得在活动当天亲自体验一番，才会更容易想象出自己登台时的场景。

不过，要想让对方认可我们有登台的资格，必须让组织者相信我们"能够对主题进行丰富且深入的阐释"。为此，一定要事先按照自己的主题发布相关信息，这一点十分关键。组织者通过浏览我们发过的内容，便能判断它们是否和活动主题相匹配。**"②坚持发布信息"这一动作直接关系到我们能否获得登台的机会。**

◇ 第2步 在活动中登台

确定要在活动中登台后，就要提前思考发言内容。有些活动需要嘉宾进行**演讲**，即在一定的时间内，自己一个人面向观众讲话；有些活动则需要嘉宾共同**探讨**，即多名嘉宾一起讨论。不过，无论是哪种情况，都要提前做好准备。习惯登台后，我们在这两种场合下都能做到即兴发挥，也更容易与观众互动交流，但在刚开始登台时，必须做好充分准备。我最开始登台的时候也经常写发言稿，一字一句全都落实到脚本上。将脚本多通读几遍后，自然而然便会讲出内容来。

演讲的诀窍

那么，我们上台究竟应该说些什么呢？自由式发言主要以即兴发挥为主，所以我们先假设一种情况——我们需要登台演讲，但不用准备太复杂的材料。发言的内容最好遵循活动主题，但这些活动原本就和我们自己的主题相关，我们才与组织者联系，最终得以登台的。若果真如此，谈论自己的主题就可以了。但是，如果不习惯在人前讲话，可能会对"说些什么""话题应该如何展开"感到迷茫。在这里，我推荐给大家一个方法，那就是**先试着写一些文章，模拟二人对话**。对话的内容可以直接用作讲解资料。

比如说，我要针对经营者讲话的对象（可以不回答，只需要听），也就是一种叫作"讨论伙伴"的工作进行讲解。我在脑中设想了这样一段对话，并构思出了对话的内容。在下面这段对话中，我是 A，B 是虚构的谈话对象。

A："我是黑田。我的工作是讨论伙伴。"

B："讨论伙伴是指什么工作？"

A："就是和经营者展开讨论，帮助他们开启新项目的工作。"

B："只是和他们讨论一下就能赚钱吗？"

A："是的。每个月讨论几次，按照讨论时间收取费用。"

B："具体是做什么呢？"

A："在听对方讲话的过程中指出盲区，或者帮助对方打破思想禁锢。"

B："还是感觉很抽象，应该很难找到客户吧？实际情况怎么样？"

A："是的。正因为这样，所以才要让客户在体验过一次后感受到其中的价值。体验过的人口口相传，这样就能吸引新的客户。"

像这样，采用对话的形式，很快就能把讲解的内容整理出来。如果设想不出对话场景，可以尝试找一个谈话对象，把谈话内容录下来，然后在这段录音的基础之上整理资料。

这样一来，就能以解答疑问的形式展开话题，也能让我们一下子记住要谈论的内容。而且这种仿佛在跟参加者攀谈的解说方法也可以拉近解说人和参加者之间的距离。由此，在登台后就可以和很多参加者建立起联系。

⬡ 第3步　参加活动的运营工作或组织活动

我们不仅能做到在活动中登台，还可以更进一步，参与活动的运营工作。一场活动大致分为"策划""参加者募集""当日运营"三个阶段。如果能够参与活动的企划工作，就可以积累策划经验，学习如何吸引参加者，提升自己策划方面的知识技能。另外，如果能够参与参加者募集工作，就可以亲身体验采用什么样的信息发布以及交流方法才能吸引观众，从而提升自己市场营销和宣传方面的知识技能。另外，如果能够参与活动当日的运营工作，就可以获得统筹整个会场所需的管理经验，提升自己的大局意识和引导方面的知识技能。除此之外，通过和运营同一场活动的人协同工作，可以加深彼此之间的信赖关系，拓展"人脉网"。

如果不满足参加活动的运营工作，想更进一步，自己组织一场活动，那么我**建议大家和别人合作**。可以邀请经验丰富的活动组织者或者在活动运营过程中认识的人，举办一场符合自己心意的活动。**在"策划""参加者募集""当日运营"这三个方面，我们难免有不擅长的部分，但如果有人能够弥补这些不足，我们就都能顺利组织活动**。经过这样一个过程，我们又能掌握一项知识技能，那就是如何为自己树立一面旗帜，并创造一个能够让大家聚集在一起的场所。当然，活动的组织者所处的位置最容易和参加者建立联系，利用这个机会，就能将很多参加者纳入到自己的"人脉网"中。可能很快就会有人找到我们说，"希望您能给我一次登台的机会"。

从这一章开始增加了转型案例页，我将在转型案例部分介绍几位"人生转型"的实践者。虽然有些职业是无法复刻的，但通过分析他们所采取的以"三大积累"为目标的行动，应该能为大家提供一些可借鉴的经验。

图22　实现积累的六个前期动作③总结

③在活动中登台或组织活动

	立竿见影	缓慢起效
动作之 "结识新人"	①利用匹配服务	②坚持发布信息
动作之 "去新的地方"	③在活动中登台或组织 活动	④加入或主管社区
动作之 "创造新的机会"	⑤打零工	⑥打白工

思维模式

- 不能停留在参加活动的阶段，要在活动中占据主导地位，这样更容易实现"三大积累"
- 教授他人能让自己的学习更加深入
- 更容易邀请到自己想见的人

第1步　和组织者取得联系

- 要像"②坚持发布信息"中那样，确定自己谈论的主题
- 按照主题进行检索

例：Facebook、Peatix 等平台

第2步　在活动中登台

- 活动大致可以分为解说型和探讨型
- 不管是哪种类型，在准备资料的时候都可以设想一个对话的情景

第3步　参加活动的运营工作或组织活动

- 从"策划""参加者募集""当日运营"三个阶段中寻找自己可以参与的部分
- 与合作伙伴取长补短，共同组织活动

(转型案例①)

随性生活，依靠与他人之间的机缘

不断进行人生转型

押切加奈子在大学的专业是戏剧。但是，能靠戏剧这一行糊口的人并不多，所以她一度觉得自己前途渺茫。她也进行了自我分析，但结果还是不知道自己想做什么。最后她拒绝了熟人的介绍，为了掌握一门谋生的技术去了一所专科学校学习，考取了日商簿记二级证书。

正式工作之后，她辗转换了4家公司，几乎体验了事务部门的所有业务。这个时期，她在转职过程中主要依靠的是会计方面的"知识技能"。另外，转职的机会也大多来自身边的"人脉网"，从那时起，她就成了被"机缘"眷顾的宠儿。她对金钱和数字非常敏感，也很擅长琐碎的工作，所以十分适合会计工作。但长年累月的事务工作让她产生了反感，在即将迎来30岁的时候，她改变了想法，决心改做"台前工作"。就在这时，她偶然看到了大学时代的朋友（相当于"人脉网"资源）分享的一篇文章，押切的人生由此发生了巨大的变化。那是一则招聘消息，是一家位于涩谷，叫作"BOOK LAB TOKYO"的书店兼活动空间在招聘社区经理人。她立刻去应聘，并接受了面试。面试官被她的热情所打动，当场决定录用她。就这样，她完成了自己的人生转型，成了一名社区经理人，而她在那之前根本没有听说过这个职位。

人生转型的
实践者

押切加奈子

Peatix Japan社区经理人。原BOOK LAB TOKYO店长。虽然在中学时代的一场活动中，她被多媒体音乐剧所吸引，对能够让人们心驰神往的空间创建工作产生了兴趣，但在择业时，仍然一度陷入迷茫。在专科学校完成学业后，开始从事事务工作。在马上迎来30岁生日之际突然心血来潮，决心要做自己喜欢的工作。此后她在BOOK LAB TOKYO担任店长，兼任社区经理人的职务，每年参与大约300场活动的运营和策划工作，也因此接触到了更多的社区及组织者，最终转职到了Peatix。

"BOOK LAB TOKYO"是位于涩谷道玄坂的一个集书店、咖啡厅、活动场地于一体的绝佳空间。遗憾的是这家店已经于2020年9月停止营业并搬迁至他处。但当时，这家书店经常在早晚举行活动，是一个能够让人与人之间建立起联系的空间。我询问了押切在担任社区经理人时具体做些什么工作，其实就是在有人咨询活动举办事宜时，邀请这些人到店商议，一边参观店内空间一边进行策划。有时候直接就能获取举办活动的机会，即使无法达成合作，这些人也会为她介绍其他的活动组织者。另外，她经常坐在店内的座位上和那些偶然来到店里的人交流，也会经常创造机会，让坐在店里的人之间产生交集。

就这样，借助社区经理人的经验，押切周围建立起了由活动组织者、来采访的媒体工作者、活动参加者、咖啡店的客人等各行各业的人组成的"人脉网"。另外，在和活动组织者交谈的过程中，她经常为能够帮助对方实现自己的想法而感到开心，由此发现了自己身上具有作为一名幕后支持者的特质，提升了"自我理解"。她的这种特质似乎过于突出，对于那些不适合由"BOOK LAB TOKYO"承接的活动，她会主动介绍其他的会场。

这时，她迎来了转职的机会。"BOOK LAB TOKYO"被转让给了一家媒体运营企业。与此同时，店长离职，而且接手这家店的企业之前也曾询问过押切本人的意愿，于是押切顺理成章地成为店长。"真的是一个非常偶然的机会，我从来没想过能做店长。"虽然是以一种意想不到的形式当上了店长，但她20多岁时在簿记等事务工作中磨炼出的"知识技能"在此时却派上了用场。她在经营店铺的过程中会仔细确认店面运营相关的数字，甚至包括招聘和人事劳务在内的工作都亲力亲为。"觉得好像是绕远了，但过去积累的经验在做店长时全都派上了用场。"就这样，押切取得了傲人的业绩，在升任店长当年获得了公司内的新人奖。

一切似乎都很顺利，但押切慢慢产生了"想为更多领域、更多社区的人提供支持"的想法。她在"BOOK LAB TOKYO"掌握了活动策划方面的"知识技能"，而且增进了"自我理解"，知道自己喜欢琐碎的工作，并且具有作为一名幕后支持者的特质，于是产生了从事社区支持工作的想法。

这时候，一个偶然的机会，她和公司其他团队的人聊

起了自己的想法，对方就把她介绍给了一位在一家名叫
"Peatix"的活动及社区管理服务运营公司工作的人。押切
在"BOOK LAB TOKYO"的工作中也曾用到过"Peatix"
这种活动管理工具，所以对这家公司非常感兴趣，二人很
快就约好了面谈时间。他们聊得十分投机，押切由此下定
决心要换工作。看来，为我们带来积极偶然性的"人脉网"
并非仅存在于公司外部，也存在于公司内部。现在，押切
仍然在"Peatix"从事着社区支持工作。通过之前的经验完
成的"综合技能""人脉网""自我理解"这"三大积累"
仿佛都是为现在的工作而准备的。

通过这份工作，她最近又和观光协会取得了联系。受
COVID-19的影响，她正在探索作为一名区域支持者如何
促使大家选择"多地点居住"以及搬家的相关事宜。另外，
虽然她已经从之前供职的公司离职，但那家公司又邀请她
继续做副业，押切的人生转型还远远没有结束。

让我们一起来回顾一下。至今为止押切多次转职，但
没有一次是依靠转职网站和猎头，全都是借助与他人之间
的机缘。就这样，她不断拓展"人脉网"，抓住各种偶然的
机会，在自己的周围也搭建了一个社区，与越来越多的人
建立起联系。许多人就是依靠这种"人脉网"不断进行人
生转型的。

转型案例②

依靠自我理解和信息发布，
描绘职业版图的研究者

岩本友规原本就对技术很感兴趣，他的第一份工作是在一家硬件产品公司做销售。后来，一位创建了自己的软件产品类风险企业的公司前辈邀请他跳槽到自己的公司。在这两家公司的工作经历让他对软件及硬件有了自己的理解，也掌握了销售方面的"知识技能"。然而，第二家公司在半年之后倒闭了。以此为契机，他选择去研究生院修读短期课程，学习基础经营知识。课程结束后，他进入了一家规模较小的公司，希望在那里充分利用自己学到的知识。那是一家销售在线支付系统的公司，在做销售工作的同时，他还为公司提供技术支持，并兼任会计方面的工作，参与了公司方方面面的工作。

在继续从事这种技术相关工作的过程中，岩本"想要制造先进设备"的想法越来越强烈。他有一个大胆的想法，就是想自己制造一款外观近似于手表，能生成全息图和人进行对话的设备。了解自己的想法也算是"自我理解"中非常重要的一环。仿佛是为了与这种自我理解相呼应，岩本通过转职网站收获了一份在一家名叫威尔康（Willcom）（后来的 Y！Mobile）的通信业务公司担任设备开发工作的机会，真可谓及时雨。这是他工作四年以来就职的第四家公司，换工作的频率非常高。

人生转型的实践者

岩本友规
（iwamoto yuuki）

从中央大学法学部毕业后曾3次转职，在33岁从事移动通信工作时被诊断出患有发育障碍。次年，他一边在联想日本集团（当时）以高级分析师的身份从事数据分析等工作，一边为了研究、普及精神"自主"和自主性获取过程开展写作和演讲活动。从2018年起开始担任明星大学发达支援研究中心的研究员。成年人"生活方式"研究所-H生活实验室代表。筑波大学人间综合科学学术院特任讲师。著有《患发育障碍的我是如何生活的》（主妇之友社）。

他被分配到威尔康的采购部工作，负责采购这家公司销售的终端（当时是PHS）。他还负责过日本第一代智能手机相关的工作，后来还接手了需求预测，就是预测终端销量的工作，由此开始接触数据分析工作。他感觉这项工作非常有趣，就像在玩游戏一样，既不能造成库存不足的窘境，又不能积压货物，他感觉"我好像很适合这份工作"。

一切似乎都很顺利。但岩本在这个岗位上由于压力过大，身体出现了问题。虽然经过了10个月左右的休养，他又重新回到了职场，但自此以后他每工作一段时间就要停下来休养一段时间。因为他的状态非常不稳定，主治医师建议他尝试一下治疗ADHD（注意力缺陷与多动障碍）的药物。他对此很感兴趣，查完资料后发现自己的症状与ADHD的特征完全相符。这些特征引发的工作失误给他造成很大的压力，这才导致他身体出现问题。可以说，这也算是一种非常重要的"自我理解"。于是，岩本在着手工作前都会深呼吸一次，让自己冷静下来思考，客观地进行审视，他学会了与自己身上的这些特征和平相处。

在学习与自己身上的特征和平相处的过程中，为了克服 ADHD 的症状，他决心要做一份能够让自己废寝忘食、埋头苦干的工作。对于岩本来说，这样的工作就是在威尔康从事需求预测时用到的数据分析。就这样，在数据分析方面的"知识技能"和"自我理解"的指引下，他又开始了找工作之旅，并成功转职到了第五家公司——联想日本。

在那里，岩本充分发挥自己的才能，他精准的需求预测技能广受好评，一举夺得了公司的"个人优秀奖"。他自己身上也慢慢发生了变化，他惊讶地发现，自己已经可以自主采取行动了。他开始根据自己的亲身经历在博客上发表自己的经验。博客的标题是"发育障碍患者'生活方式'研究所"。ADHD 是发育障碍的一种形态。他想为那些像从前的自己一样不知该如何生活的人们尽一份力，也希望在将来的某一天能够从事发育障碍相关的研究工作，所以选择了这样一个标题。

让他没有想到的是，他的博客又帮助他搭建起了新的"人脉网"。在开始撰写博文的几个月后，他为了学习参加了一场与发育障碍特征相关的活动。在这场活动中，他偶然结识了一位图书制作人。这位制作人在看完他以前写的博文之后说，"这文章一定要出版啊"，二人相谈甚欢。书的标题被定为《患发育障碍的我是如何生活的》。岩本写博文的初衷就是"希望将来有一天能够出版，让更多的人看到"，他对此感到喜出望外。

继出版之后，岩本又遇到了新的转机。明星大学的一名职员在读完他的书之后主动与他联系，邀请他一起开展研究活动。早就在自己博客的标题中加入"研究所"字眼，期待将来能正式开展研究活动的岩本完全没有拒绝的理由。联想日本也允许他做副业，于是他通过在明星大学举办演讲、开展学会发表等形式开始参与大学的工作。

就这样，在以数据分析为主业，将研究作为副业的过程中，他又迎来了一次偶然的机会。明星大学正好缺一名研究员，于是向他抛出了橄榄枝。他这时候正要针对发育障碍进行进一步研究，这次偶然的机会让他大为震惊。岩本意识到"研究工作可能才是真正适合自己的工作"，于是他从联想日本辞职，以研究员的身份加入到明星大学团队中，如今仍在孜孜不倦地进行着研究。

岩本在自我理解的基础上，坚持不懈地发布信息，他的博客为书籍出版提供了契机，而这本书也为他带来了参与研究活动的机会，这些活动又帮助他成功地成为一名研究员。岩本的人生就是"连点成线"的典型。岩本成功实现数次人生转型的经历，向我们展示了自我理解和信息发布的重要性。

第 4 章

实现积累的前期动作
后篇

实现积累的前期动作
④加入或主管社区

◇ 思维模式

社区的种类很多，有过去就存在的地方性天然社区，也有近年来日益增多的线上人工社区。不管哪一种，进入新的社区都会从各方面拓展我们的可能性。尤其对于经常在"公司"和"住所"两点一线的人来说，**加入除公司和住所之外的第三空间（购物休闲场所）会收获更多价值**。由此我们会发现自己不曾了解自己的新的一面，也会遇到从未见过的新面孔，构建新的人际关系。

社区是什么

话说回来，社区究竟是什么？将"社区"和"团队"对比理解，其定义便一目了然。团队和社区都是多人聚集的团体，也就是说，两者的共同点都是"群体"。但从日语单词的使用方法角度说，二者又有明显的区别。比如，日语会说"地方社区"，但没有"地方小队"这个说法。反之，我们会有"专业足球队"的说法，但不会说"专业足球社区"。从实际用例来看，便可以发现两者的目的落脚点存有差异。具体而言，**社区的目的在于内部，**而团队属于目的在于外部的群体。

比如，地方社区的目的是成员之间能够互相扶持生存下去，除此之外，别无他意，目的在于群体的内部。因为目的落在群体内部的属于"社区"，所以"地方社区"这个说法才能成立。而专业足球队的目的不在于让每个人都能玩到想玩的足球，而是要战胜对手球队，让球迷看得开心。也就是说，其本质目的在于群体外部，所以才有"专业足球队"这个说法。

社区和团队还有其他不同。团队为了达成目的，有时会调换队员，有的团队还会在目标实现后解散队伍。换言之，队员是实现目标的"手段"。但社区与之相反，成员才是"目的"本身。社区的目的是成员能在其中找到自己生存的空间，找到自己的生存价值或作用，所以社区不像团队，不会频繁地调换成员，也不会有解散一说。

从上述特征来看，社区的优势之一便是成员之间能保持长时间联系。只要加入的时间够长，自然而然便会拓展出"人脉网"。不过，有的社区在创设初期就设有结束时间或终止条件（登台演讲人员达到 100 人就解散的"百人会议"等），也有的会因为创办人失去热情或不再举办实质性的活动而消亡。因此，不是所有的社区都能长久地运营下去。

社区让每个人都变成 GIVER（给予者）

除了上述的例外情况，绝大多数社区的存在时间都比较长，这也形成了社区的另一个优点，即社区成员容易转变成 GIVER。

所谓"GIVER"，是指"赠予他人欲>自我收受欲"的人，比如不求回报式地帮人斟酌解决问题，协助他人举办活动，或者帮人介绍人脉，为他人加油打气等。GIVER 的反义词为 TAKER（索取者），是指相比于给予，更想从他人处获得更多的人，一般都会利用对方为自己带来收益，创造价值。

我们从交际时间的长短来思考一下人会成为 GIVER 或 TAKER 的理由。首先，极短时间的社交会让人选择成为

TAKER。究其原因，如果和对方仅有这一面之缘，此生不复相见，那即便这次将对方的价值榨取干净，给人留下的印象再差也都丝毫不用在意。所以人会在打交道的那一瞬间，想尽量多地从对方身上寻找并获取利用价值。之所以会出现游客在海外被讹诈的案例，或许就是因为对方觉得和游客永世不会再相见吧。

相反，如果与可能长期保持联系的人打交道，人又会有什么样的行为表现呢？在这种情况下，由于和对方构建良好关系更为有利，所以人比较容易成为 GIVER。毕竟说不定自己哪天会和对方一起共事，或者会有求于对方。因为这层原因，人会更容易选择 GIVER 的身份，也正是这个缘故，田间乡野的人才会经常彼此分享食物吧。

就这样，社区让人变为 GIVER。一旦和 GIVER 之间搭建起"人脉网"，就会更容易获得有价值的信息和机会，从而也更容易触发与人生转型息息相关的偶然性。在社区待的时间越久，就会取得越来越多人的信赖，积累起与社区其他成员之间的信任，"人脉网"由此得到深化、增强、拓展。其实在我创办的"民以'论'为天"社区，也有很多人要自立门户、创业或开始做副业。GIVER 们的人际关系实际上都属于人生转型的潜在契机。

尝试副业的良机

此外，在社区内部还可以**将新"知识技能"作为副业展开尝试**。比如，你想做职业咨询的副业，首先就要试着在社区里找到会下单的人（客户），如果条件允许，可以借助社区告诉大家你在征集下单的人。假如你想以副业的形式从事制作视频的相关工作，可以通过拍摄、剪辑社区活动影像，然后将视频成果送给参加活动的人。

社区原本就是一个互帮互助的地方，不管什么副业都应该被欢迎，而且在社区内部做副业实验，即便失败了也是平添一份热闹，更不用说这种提供价值的尝试本身就是一种馈赠，让社区其他成员也都能有所收获。因此，在社区内部尝试副业不仅期望值低、压力小，还容易起步。等在社区内部默默磨炼出成绩后，再通过 SNS 等社交媒体广而告之，宣传自己开启的副业内容，这样也能一定程度降低刚起步就翻车受挫的概率。

与自我理解也密切相关

在社区里能收获的不只有"人脉网"和"知识技能"，

社区成员形形色色，所以我们会遇到许多与自己价值观或想法不同的人。可能有时会觉得不对劲，或者感觉不舒服，这种"不对劲"和"不舒服"非常重要，我们感觉不对劲的点应该就是彼此价值观有偏差的地方。比如，当你遇到一个人正在评判他人意见，如果这个人的言谈举止让你感到不舒服，那就说明你是价值观中有"不能成不想评判他人意见"的一面。

如此一来，通过和社区各种各样的人接触，我们也能触发"自我理解"的按钮，从而进一步加深自我认知。可能有人认为如果身边尽是自己合不来的人，会觉得压力特别大，但我们完全不需要"认可"所有人，只需做到"理解"便已足够。不用紧张，也不用勉强自己，只要认识到"原来还有这样的人啊"，就能轻松坦然地应对彼此的差异。

⬡ 第1步　寻找社区

"社区"一个词说起来简单，但实际上五花八门。首先，就身边而言有地方社区。如果自己居住的地方设有活跃社区，可以先试着加入一下。如果没有，也可以通过在两个地方或多个地方居住，从而接触各式各样的地方社区。

近年来还出现了一些只要定期交一定费用，就能在各地居住的服务平台，比如"HafH""ADDress"，大家不妨搜索使用一下这些服务。

此外，还有一些社区即便没有亲身居住在当地，也能作为相关人员在线上进行接触联络。比如线上线下一体化的"共享街"就是以东京的浅草桥、两国、御徒町、日本桥附近的合租屋为中心而形成的地方社区。还有以位于秋田县的古民宅为中心的"共享村落"，只要交付名为"NENGU"① 的年会费，任何人都能成为虚拟村民。这样一来，便可以以线上居民的身份与地方社区挂上钩。

社区种类丰富多样，不仅有地方社区，还有兴趣社区和职业社区。将自己的兴趣或职业作为关键词，在网上输入"××（关键词）社区"便能检索出来。由于有些社区的运营平台是 Facebook，所以建议除了在 Google 上搜索，也可以去 Facebook 上找一找。

除了地方、兴趣和职业，还有许多社区会提供独具特色的体验价值，涉及领域方方面面，种类更是数不胜数。像这种很难归类的社区，比起一一检索，不如使用社区汇集式的

---

① 　NENGU：年贡。（译注）

服务平台更为便捷。比较有代表性的有"CAMPFIRE社区"和"DMM线上沙龙"。我们可以用范畴、种类或关键词来查找符合自己风格的社区。

中枢式和网格式

总体而言，社区可以分为两大类型。具体选择哪一类也很重要，因为即便主题相同，不同类型的社区会带来截然不同的体验感。

社区类型之一为**"中枢式"，主要以主管人或运营团队为中心（中枢）策划活动或发布内容**。这种社区的活跃程度完全取决于中枢的决定和动向。相比于成员之间的互相交流，身在"中枢式"社区，更多还是注重与中枢身份的主管人或运营团队之间的交流或关注他们发布的信息内容。因此，虽然参加这种社区在扩大"人脉网"方面颇有难度，但如果中枢人员举办的活动或发布的内容精彩绝伦，想必也能有所收获。

还有一种社区类型为**"网格式"**。这种社区**没有明确的中心（中枢），社区成员可各自策划活动或发布内容**。由此，成员之间可以互相交流，你来我往，无拘无束（网格状），所以算是一种容易搭建"人脉网"类型的社区。另一方面，由于举办活动或发布内容的成员风格迥异，人多且杂，所以质量上多少会有些参差不齐。

如果大家**想获得"知识技能"方面的信息，选择"中枢式"社区**更为合适；如果**想拓建"人脉网"或通过沟通交流加深"自我理解"，则"网格式"社区**更为佳选。

就一般情况而言，凡是以人名为标签，全面宣传个人风格的社区大多属于"中枢式"；以人名以外的名词或动词为主旋律的社区大多为"网格式"。不过凡事都有例外，想要在加入社区之前看透类型本质并非易事，所以有时只有亲自体验后才知晓其中价值，倘若与自己心中所求不符，果断迅速地退出即可。这份无顾虑、无负担也是最近出现的社区的优点之一。

◇ 第2步　加入社区

若以守株待兔的心态，我们永远无法对社区进行充分利用，所以我们要积极主动地寻找自己的关联点。最近的社区大多都用 Facebook 群、LINE 聊天群或 Slack 等线上聊天工具进行运营。

首先，要通过网络让大家知道自己的存在。正如"①利用匹配服务"中所言，**在网上与人建立关系时，自我介绍至关重要**。如果有地方能发自我介绍的主帖，不妨先在上面写写看。此外，当发现自己和其他人的自我介绍有共同点后，也可以在其帖子下面留言评论。让大家认识到我们的存在，既能让我们自己放下心来，坦然踏实地加入社区，也能获得与当下对我们感兴趣的人创建"人脉网"的机会。

社区里有人会发布内容，有人会举办活动，只要在合情合理的范围内，大家都可以参与其中，因此我们要积极进行内容反馈，主动参加各项活动，这样就能让主管人或运营团队以及社区成员认识到我们的存在。如果彼此志趣相投，交流甚欢，便会以此为契机衍生出新的项目，具体而言，比如合宿或旅行计划、对企业提出的问题进行挑战、自己从零开始做产品开发等。

通过参与其中，储备"三大积累"

参加社区内部的项目有什么好处呢？其中一项是**能在项目中发现自己的新职能**。在公司里是"部长"，在家里是"父亲"的人，也可以在社区内部项目中承担与往常不一样的角色。纵使失败了也不会影响人事考核评价，更不用在乎他人眼光。我们可以大胆果断地挑战自己从未做过的事，比如毛遂自荐担任项目的凝聚者角色，撰写项目相关的博客、发布消息、引导碰头会等。如果挑战自己从未经历过的事情，说不定能借此学会新的"知识技能"。不仅如此，我们还能认识崭新的自己，进一步加深"自我理解"。更不用说拓展"人脉网"了，以探索自我职能的心态配合大家的工作，便会自然而然地与项目成员之间构筑起信赖关系。

如果社区规模庞大，那么多找一些类似项目小组小规模群体会更容易帮我们构建"人脉网"。也许会出乎各位意料，不过社区并不是规模越大就越好。

大家可以想象自己正在会场里参加一个千人酒会，肯定会因为不知道该找谁搭话而变得手足无措（尤其像我这种认生的人更是如此）。但如果只是一个五人小聚会呢？那我们只能与在场的人说话了吧。虽然我们直觉上认为规模越大的场合认识人的机会越多，但其实，**规模小的场合才更容易与人建立关系**。

在社区内开展的活动也是如此。参加数十人乃至数百人规模的大型活动固然很开心，但其实每个人从中获得的价值寥寥无几。反倒是 10 人以下或最多 20 人左右的场合才更容易构筑"人脉网"。而且，与参加项目小组相同，哪怕是参加活动，我们也是在少数人面前更容易尝试新的"知识技能"，比如在活动上尝试从未做过的视觉图像记录，或者自告奋勇承担引导师的角色等。

通过对社区发布的内容做出回应，参加社区举办的活动，我们可以循序渐进地储备人生转型的"三大积累"，实现"知识技能""人脉网""自我理解"的全面成长。

⬡ 第3步　运营或成立社区

参加社区的人中，有不少想从事社区的运营工作，究其原因，正如"③在活动中登台或组织活动"中写的那样，因为相比于仅是参与者的身份，**从事运营工作会收获更多，**活动中是如此，社区里也一样。

说是运营，但也不用想得太复杂，只是尽快回应、评论社区内容也没问题。单是做好这一点，就会有越来越多的人回复反馈，社区气氛也会容易变得更热闹。另外，还可以提前到活动会场，帮忙做一些前期准备工作，或者带头打扫卫生整理会场等，这也会受到他人的青睐。**找到可以为**主管人或运营团队、**社区成员服务的事，然后从自身开始做起，我们所实践的事情慢慢地便会成为我们在社区**

的职能所在。

习惯了社区的常规业务后，可以找机会向主管人或运营团队咨询："我还想为社区多做些事，有什么我能帮上忙的吗？"即便在当下的节点上没有可做之事，待对方有需要的时候，也能想起来联系我们。

倘若能做到运营团队负责的相关事项，则会<u>产生强烈的归属感，觉得这个社区是自己的容身之处</u>。因为除了公司和家庭，自己还有其他去处，哪怕在公司遭遇不顺，又或和家人闹矛盾时，也能找到可以倾诉的伙伴或允许自己暂时逃避的港湾。此外，如果还能作为运营团队的一员发布内容、策划活动，便会收获比普通成员更广泛的"人脉网"。

从小规模做起，按照自己的节奏坚持下去

如果感觉自己也能胜任管理角色，不妨亲自成立一个社区试一试。近年来，越来越多的人运用自己参加社区的相关运营经验创建社区，规模虽小，但皆由自己操持管理。以此为背景，还出现了一些社区支持服务平台，比如前文介绍过的"CAMPFIRE 社区"等。

如果没有找到自己心目中理想的社区，可以确定一个自己喜欢的主题创建一个新社区，这样可能更为合适。

前文我们提到过小规模场景的优势，也知道社区并不是以人数取胜，人数越多并不代表社区质量越高，所以我们**可以从小规模做起，然后按照自己的节奏慢慢发展。**

由我主管的"民以'论'为天"社区在创设初期只有8名成员。虽然我们团队人数不多，但一直坚持做着我们觉得有趣或有意义的事情，所以最后社区自然而然地发展起来，走向成熟。因为不知道有多少人会对我们的爱好感兴趣，或者对我们的价值观产生共鸣，所以大家肯定会感到不安或焦虑，尤其在社区创办初期更是如此。不过换个角度来说，看着一个个志趣相投的伙伴们加入我们，也会感觉很兴奋，很快乐。正是得益于一点一滴积累而成的"人脉网"，我才有幸碰到新机遇，结识新朋友。如果觉得一个人起步困难，也可以邀请他人共同创办。此外，有些社区还可以单独成立分区或将兴趣团体活动作为独立板块加以运营，具体大家可以向自己所属社区的主管人或运营团队旁敲侧击地打听一下。

在运营或主管社区过程中，我们会掌握相关的"技能集"，这些技能在我们进行人生转型时都将会成为制胜法宝。比如，成立与企业服务相关的社区后能提高营业额，创设联合办公空间入驻人员的社区后能创造附加价值，想想也不是不可能。不仅如此，我们还可以邀请通过"①利用匹配服务""③在活动中登台或组织活动"结识的人加入社区增加关注度，运营或主管社区的经验也能作为"②坚持发布信息"的素材得以运用。除此之外，还能在社区中找到打零工或打白工（下面会详细介绍）的目标对象。也就是说，**运营或主管社区与其他所有实现积累的前期动作具备协同效果**。

图23 实现积累的六个前期动作④ 总结

④加入/主管社区

	立竿见影	缓慢起效
动作之"结识新人"	①利用匹配服务	②坚持发布信息
动作之"去新的地方"	③在活动中登台或组织活动	④加入或主管社区
动作之"创造新的机会"	⑤打零工	⑥打白工

思维模式

- 社区属于有内部目的的群体
- 目的在于找到容身之处或社会性作用
- 社区将人变成 GIVER（给予者）
- 容易产生偶然性机会
- 尝试副业的良机
- 接触各种各样的人，促进"自我理解"

第1步　寻找社区

- 寻找身边的地方社区
- 通过多处居住关联地方社区

例：ADDress、HafH

- 在线上与地方挂钩

例：共享街、共享村落

- 若目标是"知识技能"，则选择"中枢式"社区
- 若目标是"人脉网"，则选择"网格式"社区

第2步　加入社区

- 积极探索自己与社区的关联点

例：自我介绍、回应内容、参加活动

- 通过参与项目，找到自己的社会性作用
- 小规模社区更容易构建"人脉网"

第3步　运营、成立社区

- 主动参与和关联会更容易储备"三大积累"
- 运用社区支持服务平台，从小规模做起，按照自己的节奏坚持

例：CAMPFIRE 社区

实现积累的前期动作
⑤打零工

◇ 思维模式

本书所说的"打零工"，**是指在线上进行下单、接单的一次性工作**。Gig 原为音乐术语①，行话是指在小会场中举办的一次性演奏会。打零工的人一般被叫作"零工"，但由于大家有时会将它和自由职业者相混淆，所以我先就二者的区别进行详细说明。二者的共同点是工作不用和特定的企业签署长期雇佣合同。不过自由职业者可以参与中长期性的客户"项目"；零工则相反，他们主要以完成短期任务为目标，任务均为一次性工作，大多会花费几分钟到几小时不等。因为自由职业者中也有人会以任务为中心负责承包工作，所以无法从严格意义上将二者加以区分，但

---

① 原文"打零工"为外来语，英文写作"Gig work"。(译注)

186

只要做的是"闲暇时间就能搞定的任务"，就可以称为"零工"。

订单式和展示式

肯定有人用 Uber Eats[①] 点过外卖吧，其实那些外卖送餐员也是零工。送餐员可以用手机 App（应用软件）接单（外卖委托），然后前往 App 显示的店铺领取饭菜，再将饭菜送到外卖下单客户的指定场所（家或办公室等）。通过花几十分钟完成这一系列业务，送餐员就会拿到相应的报酬。不仅如此，送餐员还可以自行决定接不接单，能够选择在自己喜欢的时间点完成短时工作。比如骑自行车通勤的人可以在下班路上顺手接单，送完外卖后再回家。如果用 Uber Eats 接单，1 单大约 500 日元[②]，如果 1 小时配送 3 单，大概能拿到 1500 日元[③]的报酬。

除此之外，零工们还活跃在"Timee"等服务应用中。Timee 是一项将想利用闲暇时间工作的人和需要人手帮忙的

---

①　Uber Eats：中文为"优食"，送餐应用，相当于中国的"美团外卖"和"饿了么"。（译注）

②　以现时汇率 0.059 计算，约 28 元人民币。（译注）

③　以现时汇率 0.059 计算，约 84 元人民币。（译注）

店铺或企业进行匹配的服务。店铺或企业作为委托人发布订单，零工从订单一览表中选择自己方便的时间或符合条件的内容进行申请并接单。之后零工只需要当天到现场就可以，不需要提前面试。委托订单各式各样，常见的有餐饮店的服务员、事务性工作以及活动的工作人员等，最短1个小时便能完成任务。

Uber Eats 和 Timee 上的零工流程都是**先有委托人下"订单"，零工再选择是否接单，二者都属于订单式零工**服务。

还有一种方式正好与其相反。**零工先"展示"自己的能力，然后有需求的委托人再申请下单，这种属于展示式零工服务**。运用这种服务，会画肖像画的人就能以2万日元①或其他自定价展销"我可以为你画肖像图"的技能，之后只需等待客户申请下单即可。展示式零工服务的特点之一便是能看到许多独特的技能，比如"写一部以你为主角的短篇小说""推荐适合你的时尚穿搭""写小品或相声的台本"等。

---

① 以现时汇率0.059计算，约1119元人民币。（译注）

打零工是成年人的 KidZania[①]（职场体验公园）

2015 年，我以自由职业者的身份自立门户之后，做的第一份工作就是在"coconala"这个展示式零工服务应用上接的单。当时展示的技能主题为"对 iPhone 手机 App 和网络服务进行测试检查，发现改善点"。其实，除此之外我还展示了其他几个技能，只不过这项服务最受欢迎。所有展示人员都在为刚刚成立的新业务寻求建议，我发现对新业务提建议方面存在市场需求，于是便以该项技能为卖点，作为自由职业者四处活动。<u>通过展示多项技能本领，还能试验自己掌握的技能是否具有市场价值，是否能满足他人需求。</u>

顺便说一下，最开始我在"coconala"卖得最好的服务，其报酬为 500 日元[②]的固定单价。就薪水数额而言，这绝不是高价，但我收获的东西远在这个金额之上。因为通过一次又一次地做这份工作，我看待事物的角度更加多元，

---

①　KidZania：1999年9月1日诞生于墨西哥，是世界上第一家面向儿童设计的职场体验公园。（译注）

②　以现时汇率 0.059 计算，约 28 元人民币。（译注）

也从中发现自己的确很擅长与人沟通讨论，对自己有了更为清晰的"自我理解"。这份"自我理解"对日后我的职业生涯产生了巨大影响。得益于此，我为自己创造了新的身份——讨论伙伴。

零工工作有一个特点，即下单的委托人一般都是直接付款，所以大部分人会给出直接反馈。原本作为服务的一部分，大多数零工服务中也都会包含评价机制，所以每次工作都能帮助我们再巩固复习一遍"知识技能"，由此我们便可以**对各种技能加以尝试并磨炼**。孩子们拥有可以体验各种职业的体验式主题乐园 KidZania，而对于成年人来说，打零工就是我们的职场体验乐园。

打零工还能让我们**在短时间内挑战自我**，比如我们可以将从公司回家的路上时间或到家后的 1 小时用来做副业。另外，即便前期没有积累下"人脉网"，也能轻松打开副业的大门，这也是打零工的一个很大优势。做副业最容易受挫的阶段在于寻找委托人或客户，但如果是打零工，我们只需按需接订单或展示自己的服务技能即可，纵使没有"人脉网"也可以开启零工生涯。这便是打零工的优点：如果你一没时间，二没"人脉网"，没关系，那就打打零工，随时随地都能发现从事副业的渠道。

除此之外，如果我们发现有人展示的技能和自己的展示技能相似，也可以以客户身份申请下单，通过体验学习他人技能，方便对自己的"知识技能"查漏补缺。建议将来想要做自由职业者的朋友可以先打打零工尝试一下，从中还能体会到个人接受工作委托的乐趣和难处，了解报酬行情，掌握一些和委托人或客户之间沟通交流的小秘诀等。

⬡ 第1步　确定打零工过程中要尝试的技能

首先，要明确我们通过打零工要尝试哪一个或哪些技能，从而选择与该技能相匹配的零工服务。技能的选择方式没有固定标准，如果运用自己已经掌握的技能打零工，可以帮助我们构建新的人脉网。另外，也可以借打零工的方式，学一些自己尚未具备的知识技能。

假如实在不知道自己应该展示什么技能，可以使用能够展示各种技能的**综合型技能市场服务**找找灵感。技能市场服务属于展示式零工服务之一，内部展示的技能多种多样。查一查他人展示的技能，也能为自己将要展示的技能提供一些探索的思路。

从技能市场中寻找

前文提过的"coconala"便是综合型技能市场服务平台之一，这里为大家具体介绍一下。coconala 有 230 种登录在册的技能类目，展示数高达 30 多万项。除了设计、制作网站、制作视频和音乐、写作等"制作类"技能，从商务、市场等领域的"辅助类"技能到与时装、职业等相关的"商谈类"技能，无论是商务场景，还是私人场景，可交易的服务类型可谓丰富多彩。有如此繁多的技能做参考，想必大家总会找到自己能够胜任的零工工作。不妨先打开 coconala 检索一下类目，找一找自己觉得"这个我应该没问题"的技能吧。

在展示技能的服务平台中，比 coconala 更容易上手的是第 3 章"①利用匹配服务"中介绍的 bosyu。bosyu 虽然可以招募到自己想见的人，但其实本身带有付费功能，只要使用这项功能，就能以打零工的形式展示个人技能，比如"提供职业建议""倾听他人诉说""确认英语发音"等。相较于 coconala 而言，在 bosyu 展示技能的顾虑更小，也更随意，所以大家也可以去 bosyu 上搜索一下，这样也更容易了解并找到自己能做的零工工作。

如果技能生疏怎么办？

话又说回来，哪怕打零工有诸多益处，也会有人踌躇不前。他们会觉得打零工会取得报酬，所以不应该是自己用来打磨生疏技能的实验品。既然拿人报酬，难道不是必须用至少称得上专业水准的技能来服务客户吗？恕我直言，那倒未必。的确，专业意识固然重要，但若只是因为"自己拿不出能称得上专业水准的技能"就放弃尝试，对打零工望而却步，实属可惜。假如对自己的技术没有自信，可以降低酬金，少赚点钱。只要是真心实意地想帮助他人、为他人服务，对方都能感受得到。其实打零工就像打棒球一样，<u>**只有亲自站在击球手区，不断挥舞球棒，才能熟能生巧，真正掌握实践技能**</u>。技艺生疏不是问题，只要在尝试的过程中不断改善，待技能精进娴熟后，再考虑将报酬提高至与其相匹配的价位即可。

◇ 第2步　在零工服务平台上注册账号、展示技能

选择的技能不同，使用的零工服务平台也各不相同。如果大家选择的技能有相关的<u>**专项式零工服务**</u>平台，可以

研究一下为自己所用。比如"Visasq"就是一个商务类专项式零工服务平台。假如具备宝贵的商务经验，掌握行业结构或动向的相关知识，可以通过平台分享取得相应的报酬。虽然平台内"IT"和"市场营销"方面的经验和知识比较受欢迎，但其本身的类目有500多种，范围十分广泛。

还有一个以讲座形式讲授技能的专项式零工服务平台——"街道学院（street-academy）"。该平台可以开设各种各样的学习讲座，比如摄影技巧、设计思路、说话方式等。除了上述两种以外，还有许多其他的专项式零工服务平台，大家可以自行查找使用，这里就不一一赘述了。由于展示式零工服务平台有时也被称为"技能共享平台"，所以检索的时候也记得使用这个关键词哦。

如果没有找到专项式零工服务平台，可以使用综合型零工服务平台。除了前文介绍的 coconala 和 bosyu，还有能够以 30 分钟为单位买卖个人时间的"时间票券"服务平台。在"时间票券"里，从"不是专家也能做到"的解忧聊天到专业的商务咨询，各式各样的技能都能以时间单位的票券形式进行售卖。

之前曾在"①利用匹配服务"中提到过个人简介的重

要性，使用零工服务平台亦是如此。**请大家一定在零工服务平台上用心写好个人简介**。与匹配服务不同的是，零工要求价值提供要明确。因此，如果具备相关实绩或经验能够作为价值提供的凭证，建议大家都提前写在个人简介里。

⬡ 第3步　亲身实践打零工

如果有人对你展示的技能申请下单，本质上来说打零工就此开始。若是需要与下单客户见面的零工工作（商谈、咨询等），我们需要先确定好见面的具体时间；若是不用见面只需交付作品的工作（制作类等），则需要明确交付时间。不管哪一种类型，都不要单纯觉得只要在约定时间内完成与报酬相匹配的工作就万事大吉了，而是要怀有敬畏之心，**要求自己提供的价值超出对方期待或报酬本身**。让对方感动记住自己是其中一个效果，除此之外，还有一个理由，即为了"馈赠"客户。

通过馈赠能获得巨大的积累

报酬与提供的价值相平衡的情况是为"交易（等价交换）"，性质与在便利店买东西并无二致，本质上也不具备将人与人联系在一起的功能。最明显的一个例子是我们每次去便利店买东西，和店员的关系也没有变得越来越深。那与交易相反，交换不等价的行为是什么呢？**馈赠**。

馈赠具备将人与人联系在一起的功能，我们身边就有这样的例子。比如家人之间便是如此，父母不求回报地养育孩子，通过赠予的方式巩固了亲子关系。天底下几乎没有哪个父母会在孩子经济独立后向孩子讨要抚养费的吧。父母养育孩子的行为即为"馈赠"，而非"交易"。

另外，不管是逢年过节，还是在其他需要庆祝的日子里，我们会为重要的人送上礼物，或者请对方吃顿饭，这些都算是利用馈赠本身具备的关联属性来维系关系的行为。想象一下，假如我们在得知生日礼物的价格后，支付给对方相应数额的金钱会怎么样？第一反应就是这样非常不礼貌。因为此时这份礼物已经不再是"馈赠"，而是一种"交易"的对象，所以双方的关系很可能会就此烟消云散。

我们因"馈赠"而与他人关联在一起的事例可谓不计其数。即便是打零工，也不能因为报酬是5000日元[①]就提供5000日元的价值，这种行为属于"交易"，交易结束后，我们与委托人或客户的关系也便到此为止，可谓"钱（的

---

① 以现时汇率0.059计算，约295元。（译注）

交易）尽缘散"。但如果报酬是 5000 日元，可我们提供了
10000[①] 日元以上的价值，委托人或客户便会觉得多出来的
价值即为"馈赠"。换言之，对方会觉得像被我们请了一顿
饭一样，只不过得到的不是饭，而是价值。于是对方就会
告诉自己"得找机会把人情还了"。这种**觉得必须回报他人**
的心理在心理学上被称为**"互惠原理"**。

通过提供超出对方期待或报酬本身的价值，我们不仅
能拓宽"人脉网"，还能为未来的工作或机会打下基础。此
外，想要为对方提供更高价值的意识也会成为我们提高
"知识技能"的动力来源。加之委托人或客户对我们的直接
反馈，这些"知识技能"会被磨炼得更上一层楼。打零工
能让我们获得日常工作体会不到的经验与乐趣，这一点应
该对全方位的"自我理解"也会有所帮助。

---

①　以现时汇率 0.059 计算，约 590 元人民币。(译注)

图24 实现积累的六个前期动作⑤ 总结

⑤打零工

	立竿见影	缓慢起效
动作之 "结识新人"	①利用匹配服务	②坚持发布信息
动作之 "去新的地方"	③在活动中登台或组织活动	④加入或主管社区
动作之 "创造新的机会"	⑤打零工	⑥打白工

思维模式

- 线上接单的一次性工作
- 负责闲暇时间就能搞定的任务
- 订单在先的订单式零工服务平台

例：Uber Eats、Timee

- 自行展示技能的展示式零工服务平台

例：coconala

- 能够试验自我技能有无市场需求
- 尝试多项技能的良机
- 即便没有"人脉网"也能开启零工生涯
- 通过工作能储备"三大积累"

第1步　确定要尝试的技能

- 从技能市场中寻找

例：coconala、bosyu

- 即便技能生疏，也要身临现场，亲自实践

第2步　注册账号、展示技能

- 灵活运用技能市场
- 灵活运用专项式零工服务平台

例：Visasq、街道学院

- 出售时间

例：时间票券

- 在个人简介中写清楚能作为价值提供的理由或实绩成果

第3步　亲身实践

- 提供超出对方期待或报酬本身的价值
- 要有"馈赠"意识并运用"互惠原理"

实现积累的前期动作
⑥打白工

◇ 思维模式

"白工"是我自己造的词，指为对方单方面付出的工作，即所谓的"免费劳动"，在"零工（Gig work）"的基础上稍加改造，将其命名为"白工（Give work）"。提到免费劳动，我们的第一印象大多是工作无聊没意义，倒霉吃亏尽损失，但在我看来倒也不尽然。免费劳动真正吃亏的是在这份工作中一无所得，包括除金钱以外的所有报酬。这种情况就是彻彻底底的压榨劳动力。但排除上述极端案例，免费劳动还是有一些实际益处的。

毕竟即便金钱方面的报酬为零，我们也能通过打白工获得其他报酬。有关报酬的内容，我曾在第 2 章"八大报酬"中进行过详细说明。所谓金钱以外的报酬，是指除了与人生转型相对应的"三大报酬"——"知识技能""人脉网""自我理解"，还有**幸福所需要的"积极情绪""成就""投入""意义"**。我们从免费劳动的过程中可以获得上述各种各样的报酬。

打白工更容易储备"积累"

更为重要的是，正因为是免费劳动，在"八大报酬"中，我们更容易积累对人生转型而言必不可少的"三大报酬"。为什么这么说？这是因为，免费劳动最大的特点便是不会有金钱方面的往来。利用这一点，各种各样的机会便唾手可得。比如一个爱好画插画的朋友分别对我们说"你花 10000 日元，我给你画一张能当 SNS 头像使用的肖像画"和"我想练习画肖像画，正好给你画一张能用来做 SNS 头像的图，你看可以吗"，大家可以想象一下这两者有什么区别。如果是前者，我们大脑的第一反应是考虑性价比，判断这张图到底值不值 10000 日元。但如果是后者，根本就不存在性价比的问题，因为我们不用支付任何费用。所以，后者的免费劳动更有可能得到对方的点头应允——"那就交给你啦"。**免费劳动虽然没有钱拿，但能收获经验，所以**

给人感觉更像是用劳动来"买经验"。不管是入门当手艺人的弟子①也好，还是为社长拿包也罢，本质基本都一样。

因为免费劳动不用考虑金钱问题就能提供价值，**所以我们亲身实践的次数也会大幅度增加**。打白工的机会随处可见，比如利用匹配服务，帮见面的人排忧解难是打白工，在社区里帮忙策划活动也是打白工。还有，在打零工时，如果为对方提供的价值超出了对方期待或报酬本身，那超额的部分也算打白工。

虽然我们是打白工，但也要战略性地灵活运用，这样才能有机会**让他人意识到我们的存在**。在我作为自由职业者自立门户时，曾以"讨论伙伴"的身份四处活动，刚开始的时候几乎接不到任何工作。反正没工作闲着也是闲着，于是我便利用匹配服务，约很多人出来见面。当时我每天都和各种各样的人碰面，围绕对方当下遇到的问题或想做的事情进行沟通讨论，就这样日复一日，慢慢开始有人认可我的价值，并表示"希望能正式邀请你作为我的讨论搭档"。虽然我是以打白工的心态与人进行讨论的，但这也在

---

① 日本拜师学艺一般都从学徒做起，打杂是学徒的日常工作。（译注）

无形中创造了一种机会——我提供价值的同时，对方也能借此体验到我所提供的价值，最后打白工演变成了正式工作，双方也算是互相成就。当然了，有些人虽然没有直接与我形成工作关系，但对方会帮我宣传，将"我曾找他探讨过"这种亲身体验告诉周围的人，最后对方的熟人来找我下单的情况也不是没有。

除此之外，据说有一位设计师也跟我一样打过白工，明明对方没有委托，却擅自为自己喜欢的 App 制作了一套设计改善方案。设计师将改善后的设计分享到 Twitter 上，恰巧被该款 App 的运营公司的人看中，最后双方一拍即合，设计师也接到了相关工作。

在"⑤打零工"章节中，我们曾将超出报酬本身的价值提供定义为"馈赠"，但打白工没有任何报酬，所以它就是馈赠本身（正因为如此，我才将其命名为"Give work"）。**通过打白工这种馈赠方式，我们既能得到展示自我技能的机会，也能借助馈赠的属性不断拓建"人脉网"。**

如何看待回报？

不过，付出未必总会得到回报。肯定有人会问："假如对方没有报答我该怎么办呢?"这种感觉就像是在情人节送了对方巧克力,所以想在白色情人节①收到回礼一样吧。可是有没有回报根本就不是问题,因为馈赠本身就是不求回报的。倘若从一开始便对回报有所期待,那这个行为不是"馈赠",而是"交易"。与之类似的"我为你做的事可从没收过一分钱,这些你都知道吧?"这种"披着馈赠外衣的交易"一旦被人敏感地察觉到,反倒会令人避而远之。

面对为对方免费提供劳动力,对方却毫无回报的情况,假如我们始终无法释怀,肯定会在心里的某个角落一直默默地计较得失。这不是件坏事情,所以接下来我要为大家介绍两条零回报的处理指南。其一,不再馈赠对方任何东西,这样能减少沉没成本,方便"断舍离";其二,设想回报期限,将回报预期的时间战线拉长,比如10年。我到现在还会从几年前打白工时认识的人那里收到工作委托,只因为当时与其进行过沟通讨论,所以即便以我的个人经验而谈,也无法判断回报会什么时候来。或许是1周后,或

---

① 白色情人节是源于日本的非正式节日,时间为每年的3月14日。在日本,通常告白的女方会在情人节(2月14日)当天送礼给心仪的对象,而收到礼物的一方会在3月14日回礼并告诉女方自己的心意。(译注)

许是 10 年后，答案无从得知。总之，先沉住气，耐心等等吧。

即便没有得到回报，我们也在过程中磨炼了"知识技能"，加深了"自我理解"，这些经验比什么都重要，所以我们无须在意那些细枝末节。不过，过度的馈赠会造成"自我牺牲"，所以打白工也要量力而行，注意分寸。

◇ 第1步　寻找哪里需要打白工

虽然打白工是免费服务，但也不是每件事都能讨人欢心。如果在对方不需要的情况下打白工，即便是好意，也只会给对方帮倒忙。所以在打白工之前，先找一找哪里存在真正需求。

在公司内部寻找

按理说，需求应该是无处不在，但**机会最多的地方可能还是大家当下所在的职场**。比如，在会议中写会议纪要就是很有意义的打白工。可能有人会觉得写会议纪要又不是自己的本职工作，但是，单单纪要的记录方法这一项便能成为储备"三大积累"的前期动作。还是以会议纪要为例，写会议纪要需要总结概括整体内容，这一点可以锻炼抽象化分析能力，即进一步提高概念化技能。

而且，如果在会议纪要的内容里加上自己的独特见解或想法，相当于免费为参会人员付出了脑力劳动，这样对公司内部"人脉网"的形成也会有所帮助。另外，在写会议纪要时，如果对自己的关注点加以回顾总结，说不定还能加强"自我理解"。

不仅是会议纪要，只要是超出自己公司本职范围的工作都算打白工，所以机会可谓要多少有多少。要想发掘职场中的需求，建议大家**离开办公桌，去与人闲聊**这样更为有效。只有在闲聊过程中，我们才能邂逅意想不到的瞬间，窥到对方的需求，比如当下的烦恼、遇到的难题，或者需要帮忙的地方。

在公司外部寻找

公司外部也有大量可以打白工的机会，而且还**更容易拓宽"人脉网"**。比如，利用匹配服务，我们会遇到一些人，在和对方交谈的过程中，如果我们的出发点始终是为对方考虑，观察自己能为其做些什么，或许能从中发现一些有效关键点。倘若能为对方提供信息或机会，又或是为对方介绍渠道或引荐人才，那我们的所作所为便是有价值、有意义的"打白工"。不过是花 5 分钟就能办到的事，于对方而言，或许是价值千金的存在。

另外，我们还可以主动加入社区，活跃社区气氛，或者自己策划活动，增加参与度。只要最后使社区整体活跃度得到提升，不管是主管人也好，还是社区成员也罢，都会鼓掌欢迎这样的义务劳动。

在公益服务中寻找

另外，我们还可以投身于公益服务。"公益服务（pro bono）"是拉丁语"pro bono publico"的缩略语，意为"为公众利益"，主要是指**运用自己的知识或经验为社会做贡献的活动**。它与志愿服务最大的区别便是提供的服务不同。传统意义上的志愿服务属于提供时间或劳动力的社会贡献活动，因此对技能方面没有特殊要求，只要对活动本身有共鸣便可参加。

而公益服务是提供相关技能，比如运用写作技能帮忙写文章、发布消息，运用宣传技能帮助活动扩大知名度，运用编程技能制作能够提高活动效率的工具等。虽然相比于志愿服务，公益服务的难度好像更大一些，但如果能通过自己的技能服务于社会，还有比这更有意义的"白工"

吗？如果遇到合适的 NPO 法人[①]，自己想去帮忙，可以直接联系对方进行了解。如果没有这样的 NPO，也可以搜索一下与公益服务相匹配的团体或服务平台，根据自身情况灵活运用，比如"第二张名片""服务补助金""ShareWorks""ACTiVO"等。

◇ 第2步　亲身实践打白工

发现目标需求后，再结合自身情况找一个可以实践的切入点，由此开启打白工的大门。从人生转型的观点来说，**我们更注重通过打白工，自己能否储备到"三大积累"**。正如前文所言，生活在当代的我们必须事事都为人生转型做准备。可话又说回来，我们打白工也好，做免费劳动力也罢，真的就只为了这一个目的吗？

打白工的意义

为了成就一个未来更好的自己，我们的确需要人生转型，但人这一辈子不能只为了这一个目的而活。我在打白

---

① NPO 法人：非营利性法人，NPO 为不以营利为目的的民办非企业单位。(译注)

工的时候，没有想"未来"，也没考虑"自己"，而是开始用其他标准来思考这件事。

比如，对我们而言，"当下"与"未来"同等重要。假如我们在当下这个瞬间感受不到快乐，没有成就感，也不能投入其中，只是单纯为了做人生转型的准备而打白工，那我们将很难坚持下去。

同理，"自己"固然重要，但"周围的人"和"社会"对我们来说也同样不可忽视。倘若我们对自己付出的劳动感受不到任何意义，觉得对他人起不到任何作用，那也很难坚持做下去。

因为打白工都是免费劳动，不会牵扯任何金钱方面的问题，所以**我们更容易将关注点放在做这件事背后的意义上面，思考自己在人生中更在乎什么，工作究竟是为了什么**。我个人认为，像这样的经历，绕了一大圈，最后还是会回到"自我理解"上面来。现在人人都在谈薪资，讲报酬，处处都与钱挂钩，在这种情况下还能获得宝贵的人生经验，也是打白工的一大特点。

图25　实现积累的六个前期动作⑥ 总结

⑥打白工

	立竿见影	缓慢起效
动作之"结识新人"	①利用匹配服务	②坚持发布信息
动作之"去新的地方"	③在活动中登台或组织活动	④加入或主管社区
动作之"创造新的机会"	⑤打零工	⑥打白工

思维模式

- 为对方单方面付出的工作（免费劳动）
- 八大报酬中，除了能储备"三大积累"——"知识技能""人脉网""自我理解"，还能获得幸福所需要的"积极情绪""成就""投入""意义"。
- 以买经验的感觉劳动，会更容易储备"三大积累"
- 亲身实践的次数会大幅度增加
- 凭借"馈赠"的机能属性，会更容易拓建"人脉网"

第1步　寻找需求

- 从公司内部寻找

例：写会议纪要、闲聊

- 从公司外部寻找

例：匹配服务平台、活动、社区

- 从公益服务中寻找

例：NPO、第二张名片、服务补助金、ShareWorks、ACTiVO

第2步　亲身实践打白工

- 做一份工作，我们更注重它能否让我们储备到"三大积累"
- 成为我们思考自己在人生中更在乎什么，工作究竟是为了什么的契机

六个动作通用的三项行动原理

人生转型需要"三大积累"，第 3 章和第 4 章主要介绍了能够储备"三大积累"的六个动作。我们先来回顾一下。

"①利用匹配服务"主要为大家介绍了结识新人的方法——准备充实的个人简介，利用匹配服务约人见面。随着不断邂逅新人，我们不仅可以逐渐掌握自我介绍和沟通交流的"知识技能"，还能拓展"人脉网"。此外，通过初次见面的人帮我们反馈客观意见，还能进一步加深"自我理解"（参照第 132 页）。

"②坚持发布信息"主要告诉我们要通过发布内容来提高信任度，增强信赖关系，同时偶尔还要"树立旗帜"。坚持发布信息，能帮助我们与愿意关注我们文章或动态的人构建"人脉网"。不仅如此，通过不断记录，我们还能学会客观对待自己的感情或想法，从而加深"自我理解"。另外，如果将发布本身作为一项"知识技能"加以掌握，无论在什么情况下，它都是一张实用的卡片（参照第 146

页）。

"③在活动中登台或组织活动"主要为大家介绍了如何
与组织者取得联系，在活动中登台，以及参加活动的运营
工作或组织活动的方法。与只参加活动相比，在活动中登
台或组织活动不仅更容易拓展"人脉网"，通过梳理上台演
讲时的发表内容，还能加深"自我理解"。另外，如果将举
办活动本身作为一项"知识技能"加以掌握，不管面对什
么场景，都能将人聚集起来开办活动吧（参照第 158 页）。

"④加入或主管社区"主要为大家介绍了如何寻找适合
自己的社区，积极参加或主管社区的方法。社区中有各种
各样的交流机会，把握这些机会灵活运用，既能帮助我们
构建"人脉网"，还能通过与社区的各路人马打交道，加强
"自我理解"。另外，在社区内部挑战未曾尝试过的职能或
角色，还能磨炼"知识技能"（参照第 184 页）。

"⑤打零工"主要为大家介绍了如何通过承包一次性工
作来进行挑战自我。由于打零工会产生报酬，所以很容易
从委托人或客户那里得到直接反馈，从而获得磨炼"知识
技能"的机会。此外，向委托人或客户提供超出报酬本身
的价值属于"馈赠"行为，可以帮助我们构建"人脉网"。

除此之外，有些经验只有打过零工才能有所体会，这些经验也会帮助我们加强"自我理解"（参照第 198 页）。

"⑥打白工"主要为大家介绍了如何寻找哪里需要免费劳动，增加亲身实践的机会，同时让更多的人知道自己提供的价值所在。由于不存在利益方面的问题，所以不容易被人拒绝，既能拓宽"人脉网"，也有更多机会磨炼"综合技能"。另外，通过打白工，我们更容易关注金钱以外的其他工作报酬，并对此展开深度思考，了解自己究竟为了什么而工作，从而进一步深化"自我理解"（参照第210 页）。

反复积累以上六个动作，可以储备"三大积累"，为下一次人生转型打下坚实基础。本章最后还总结了**贯穿上述所有动作的三项行动原理**，希望大家学习掌握。如今人生虽百年，工作却占半数以上，在这样一个"乌卡时代"，掌握这三项行动原理，就像是在茫茫旅途中寻到了指南针，我相信，只要行动方向正确并坚持下去，总会守得云开见月明。

⬡ 行动原理 ①先做再说

不管怎样，先做再说。如果不下手尝试，根本不知道自己适不适合，也不知道自己是否喜欢。与其行动前思前想后，不如做过后再全面考虑。假如觉得不适合自己，或者没有取得期待的结果，之后放弃就可以了。保持一颗平常心，放轻松，大胆尝试就好。

大家还记得第 1 章介绍的"有计划的偶然性理论"吗？就是那个"个人职业生涯八成取决于意想不到的偶然性"的理论。它的创始人克朗伯兹教授将诱发积极偶然性的方法总结成了五个行动特性，分别是好奇心、持续性、乐观性、灵活性和冒险精神。如果相信这个理论，不管是否付诸行动，都避不开偶然性的影响。不过，**倘若真要论什么能触发积极偶然性，那肯定是"先试试看"，而不是"一动不动"**。打开好奇心的雷达寻找新机遇，带着车到山前必有路的乐观性和不惧风险的冒险精神付诸行动，面对不同情况，能够随机应变，及时调整自我状态，在保持灵活性的同时，还能发挥适度的持续性。只有这样勇于尝试的人，才会迎来积极偶然性的光顾。

一周一次也好，一个月一次也罢，总之先来做一些新的尝试。比如去以前从未去过的餐馆吃饭，按照和以往不同的路线回家，换一本其他风格的书阅读，先从点滴小事入手，循序渐进慢慢尝试。如果你觉得尝试新事物对自己来说是小菜一碟，可以去匹配服务平台注册账号，发布信息动态，或者主动联系活动的组办人。除此之外，还可以加入社区，注册零工服务平台的账号，参加 NPO 的公益活动说明会等。只要不断按下自己的"尝试"按钮，总有一天，你会结识到新人，与对方展开沟通交流，或者为对方提供价值，一切都会水到渠成，如愿以偿。**人生转型就发生在这些点滴行动或变化的延长线上。**

⬡ 行动原理　②改进

　　行动不是盲目地重复动作，**每次行动总要让自己学到点什么，然后一点一点地不断改进**。举个例子，如果在匹配服务平台中，发现自己的信息回复率很低，可以对发送的文章或个人简介稍作修改。当用匹配 App 将对方约出来见面，发现聊天气氛不够热络时，下一次便可以提前查看并掌握对方的相关信息，针对想问的问题先在心里打个草稿。和匹配到的人见面后，如果经常忘记后续和对方联系，可以将这件事记录在任务管理工具或日历上。即便单就匹配服务平台的使用方法而言，像这样一点一滴地改进，也要花时间不断积累，才能发挥真正效用。不积跬步，无以至千里，先从一天一个做起，慢慢改进自己的动作。

反思改进必不可少，**回顾总结也很重要**。比如，对自己发布的内容回头进行查看，确认什么样的投稿内容反响比较好；在活动中登台演讲时，将自己讲话时候的模样状态录下来，下台后反复观看。温故知新，在回顾过程中，我们肯定能学到东西。另外，除了自己回顾总结，还可以在打零工或打白工时，请对方给予一些反馈意见。根据这些客观意见，有时还会发现自己注意不到的改进点。

跳出舒适区

按照上述方法反思总结，我们会发现不计其数的改进点。如果没有找到改进点，就意味着目前正处于"舒适区"。舒适区是美国密歇根大学商学院教授诺尔·迪奇（Noel M. Tichy）提出的概念。舒适区，顾名思义，是指令人觉得舒服放松的环境。因为是已经适应的熟悉环境，不管做什么事情，都轻车熟路，"这样一来，就会那样"——对结果也都了如指掌。但如果人一直待在这个环境里，既没有太多成长的空间，也找不到可以改进的地方。因为在舒适区内，"知识技能""人脉网""自我理解"都已经达到饱和状态，再储备"三大积累"也不可能比这更多了。那应该怎么办呢？这时候就<u>需要我们跳出舒适区，进入新环境</u>。

"舒适区"外面有"学习区"和"恐慌区"，三者属于同心圆关系。"学习区"是指不熟悉的环境，里面充满不确定性或紧张感，状态也不再是"这样一来，就会那样"，而是"这样一来，会发生什么"。在这种环境下，通过结识新的人，前往新的地方，创造新的机会，我们能学有所得、提升成长。<u>跳入学习区</u>就是六个动作的共通点。

"学习区"外面还有一个"恐慌区"。"恐慌区"是一种以自己当前的技能根本无法应对的环境，状态完全不受控，没有"这样一来，就会那样"，全都是"我该怎么办"。在这种环境下，精神压力会变得非常大，不仅无法有效学习，甚至还会一度失去自信。有关六个动作的各项步骤，我在前文中都做了详细说明，只要按照步骤循序渐进，基本都能避开恐慌区。

即便最开始的环境是学习区，经过不断优化改进，最终也会渐渐变成舒适区。于是，舒适区的边界往外扩展了一圈，而原本是恐慌区的环境则被开拓成了学习区。<u>**通过这样不断拓展学习区的范围，环境内部会出现新的活动余**</u>

地，从而也更容易积累到人生转型必备的"三大积累"。

◇ 行动原理　③付出

在我们打算借助六个动作成就"三大积累"时，如果目的性太强，想法太利己，一般都不会如愿以偿，倒不如**做一个舍己为人、奉献付出的利他主义者，这更为重要，**也更有效。这个世界有趣的地方就在于，就付出的结果而言，我们会收获各式各样的东西，虽然过程是舍，但最后反倒是得。比如，通过在匹配 App 上为对方提供信息、机会或者介绍渠道、引荐人才，我们可以与对方持续保持联系；还有，面向周围的朋友发布一些有用信息，能在点滴之间增进对方对我们的信任；除此之外，在活动中登台、活跃社区气氛，都能让我们与更多的人产生联系。打零工时，记得要为委托人或客户提供超过报酬本身的价值，这一点非常关键。通过免费劳动的打白工方式，我们又能获得各种各样的机会。以上这些行为都是"付出"。

付出不用花钱。许多付出只要花一点时间就能做到。在自己眼中微不足道的付出，可能于对方而言却意义重大，甚至还会在将来收到对方的报答。如果打比方的话，**就像**

是在为人脉网做时间投资。

图26　三项行动原理 总结

①先做再说

- 与其行动前思前想后，不如"做过后全面考虑"
- 从点滴小事入手，尝试改变
- 付诸行动会更容易迎来积极偶然性的光顾
- 尝试六个动作

②改进

- 一点一滴，不断改进
- 回顾总结
- 在学习区不断改进会更容易储备"三大积累"

③付出

- 最重要的是不计回报地奉献付出
- 在自己眼中微不足道的付出，于对方而言却意义重大

　　我们既不知道会产生多少回报，也不清楚何时会收到报答，或许也可能一无所获。不过，如果付出本身能帮到他人，自己也会感到很开心。不仅如此，付出还能帮助我们拓宽"人脉网"，磨炼"知识技能"，加深"自我理解"。付出不求回报，老天自有安排，慢慢来吧。

行动原理、积累、
人生转型反复循环

    如果通过上述付出，我们储备到了"三大积累"，那就意味着我们又为下一次付出奠定了基础。其他两个行动原理"①先做再说"和"②改进"也是如此。如果按照行动原理①不断尝试，越尝试，我们就越容易获得"三大积累"，继而从中受到鼓励，心态也会变得更加积极，想要尝试新的挑战。同样，如果按照行动原理②不断改进，改进的次数越多，我们就越容易储备"三大积累"。由此，学习区的边界得以扩展，我们也会得到更高级别的改进机会。**"三大积累"根据"三项行动原理"得以储备更新，而更新版的"三大积累"又会进一步巩固"三项行动原理"，二者成环，反复循环。**

    第 1 章告诉我们，**"三大积累"和人生转型也是一个循环。**"三大积累"促成人生转型，而人生转型后的新经验又会让"三大积累"不断增多。

    三者的关系请参照图 27。

图27 行动原理、积累、人生转型的循环

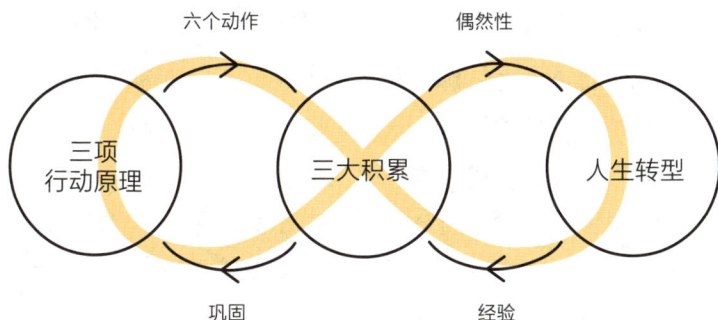

如图所示，人生转型与两种环圈相关联，这两个无限循环圈的交织关系才是本书的重中之重。左边的环圈主要出现在日常工作和活动场景，右边的环圈一般在人生转型时会发挥作用。只要这两个环圈循环不止，不管什么时候，我们都能进行人生转型，没有任何次数限制。

运用教师经验，实现"水到渠成式"的人生转型

三原菜央原在一所运营全国高等职业技术学院及通信制高中的学校工作，由此开启了长达 8 年的教师职业生涯。因为是私立学校，需要进行学生招募，老师们会齐心协力为学校做宣传活动。当时老师的工作和宣传工作的占比约为 6:4。工作第 3 年时，三原成为学校宣传的负责人，最后一年还登上了大学的讲坛。

当时三原一直觉得教师才是自己的天职，但同时内心也很纠结。虽然学校是一个将学生输送到社会的地方，可教师本身几乎对社会一无所知。"与其保持现状继续做老师，不如去民间企业工作一番，增加社会阅历，这样社会经验也会丰富一些"，基于这番考虑，三原开始找新的工作。在她准备跳槽的时候，曾经与教师工作双线并行的宣传工作经验发挥了重要作用。利用自己掌握的"知识技能"——宣传，三原成功找到了第 2 家、第 3 家工作单位，并在这些风险企业中开始接触宣传或市场营销的相关工作，不断夯实这项技能。

在做老师的时候，三原一直觉得"因为是老师，所以凡事必须做好"，从没剖析过自己，也没有做过深度的自我理解。但在她迈入第 2 家工作单位后，每周都会抽出时间来自省，开"自我会议"，将自己的强项、兴趣爱好、未来

人生转型的
实践者

三原菜央
（Mihara Nao）

Smile Baton（微笑接力棒）有限公司董事长、iU客座教师。1984年生于岐阜县，大学毕业后，曾做过8年职业技术学院、大学的老师，同时还负责学校的宣传工作。在作为宣传负责人的5年期间，将职业学院最开始的60名学生扩展了10倍，共计600名，引起了广泛关注。之后，先后在风险企业和Recruit Lifestyle有限公司工作，主要从事宣传PR和策划相关的工作。2016年9月成立了以"充实孩子的人生，丰富老师的世界"为使命的"教师学校"社区，2020年3月创立Smile Baton（微笑接力棒）有限公司。著有《工作也要做自己双线并行式职业的创造方法》（秀和系统）。

想要如何生活等问题都写在笔记本上。据说三原至今还保留这个习惯，毕竟定期的自我反省也很重要。

通过在自我会议上展开"自我理解"，三原清晰地认识到，自己想要彻底磨炼"综合技能"，将宣传作为自己的看家本领。之后她考虑到不能再选择类似第2家、第3家的风险企业，而是要借助大型企业的平台，这样能将精力全部集中在提高自我知识技能上面。于是三原通过中介，参加了 Recruit Lifestyle 有限公司的选拔考试。这场选拔过程其实让三原的内心发生了翻天覆地的变化。起因是负责录用的工作人员说的一句话："如果敝司能帮助你成就自己想要的人生，那就加入我们。"在此之前，三原一直都认为公司和个人之间存在上下等级关系，没想到个人还能运用公司的力量来实现自己想要做的事。对此，她又有了新的认知——原来公司和个人属于平等关系。

因为本身就具备宣传这一知识技能，而且通过"自我理解",三原明确知道自己想要继续磨炼这项技能。凭借这些经验,三原最终脱颖而出,成为公司的宣传人员。新的工作环境不仅能让她投入本职工作,还支持她从事副业,于是三原又对自己发起了新的挑战。先是运用和主业相同的宣传技能,以自由职业者的身份接一些业务委托的单子。后来考虑到自己原本就从事过教师行业,觉得自己"果然还是想做与教育有关的事情",于是成立了"教师学校"作为自己的副业。

"教师学校"是一个以"充实孩子的人生,丰富老师的世界"为使命的社区。在这里,成员们可以通过活动、杂志以及其他各式各样的内容,针对教育展开探索研究。我有幸曾在活动中登过一次台,主要围绕自由职业者的工作方式这一话题,对在座的教师朋友们进行解说。我对三原做这个采访时,正好是 2020 年 9 月份,听说当时"教师学校"已经有 800 多位会员了。得益于过去做老师时培养出来的演说能力和沟通能力,不管举办活动也好,还是运营社区也罢,这些"综合技能"都帮三原发挥了重要作用。说起来,学校的教室也像是一个社区,三原的社区能运营得如此顺利,或许也多亏有这份经验。加上她在教师生涯中还积累了遍及日本全国上下的教师"人脉网",召集社区成员对她来说也不是难事。正是因为有这些前期积累作铺垫,三原才能选择将主管"教师学校"作为自己的副业。

依靠接受宣传业务委托、主管社区这些副业,三原获得了仅凭主业根本接触不到的人际关系,从而构建起广泛多样的"人脉网"。通过宣传的业务委托，她结识到各行各业的人才，而在社区的主管过程中，她又能与对教育感兴趣的人产生联系。此时的三原充满自信，又有相对丰富的经验积累，她想赌上自己的一生，为"教师学校"闯一闯新的天地。于是，2020年1月，三原从 Recruit Lifestyle 有限公司辞职，同年3月，创立了 Smile Baton（微笑接力棒）有限公司。听说她那身宣传本领不退反进，比如在写自家公司的新闻公告时，或是为了扩大活动知名度而做战略部署时，这项"知识技能"依然发挥着重要作用。

"教师学校"原本是三原的副业，现在摇身一变成为主业，这正是我在第2章中讲述的"水到渠成式人生转型"的典型案例。退一万步讲，就算"教师学校"运行得不顺利，三原之前通过接宣传的业务委托，赚得比本职薪酬还要多，所以真要遇到最坏的情况，她也能靠宣传接单维持生活，这份"输得起"的自信也是她创业的背后支撑。先用过去的经验储备"三大积累"，再运用"三大积累"，顺其自然地过渡到新的职业领域，闯出一片新天地。作为人生转型的实践者，三原菜央实至名归。

我问三原对接下来的人生转型有什么打算，她表示："对我而言，之前在第2家、第3家工作时，都是干满一年就跳槽了，因为经常换工作，我一直觉得自己的简历上面有瑕疵。但通过与自己坦诚相待，深入自我理解，磨炼知识技能，珍惜过去的人脉网，我实现了人生转型，改变了人生轨迹。不管什么时候，我们都可以转换人生跑道，重新开始。所以今后我想尝试终身教育这方面的工作，希望能为那些想要改变自我、突破自我的朋友们尽一些绵薄之力。"

在她的回答中，我感受到一种被过去经验积累证实过的笃定与坚信不疑。三原接下来挑战的肯定不是"教师学校"，而是"成人学校"吧。

将人生转型至"双重副业"

——同时运营 NPO 和公司的国家前公务员

研究生毕业后，柚木理雄便在日本农林水产省开启了 9 年的公务员生涯。由于工作每年都轮岗，所以接触的工作领域丰富多彩，比如国际谈判、贸易渠道谈判、农水省内部事业分类①、金融、农地、六次产业化基金、生物质②等。

在从事这些行政工作的过程中，柚木越来越觉得不能将自己局限在狭小的世界中，于是便经常去参加不同行业的交流会。原本就不擅长与人沟通的他，在刚开始的时候，跟谁说话都张不开嘴，每次都觉得特别煎熬。不过后来柚木对照自我介绍的模板百般推敲，反复练习，终于克服了这一难题，他不再觉得跟人说话是一种折磨，也因此获得了更加广泛的"人脉网"。通过这件事，他再次认识到自我

---

①　事业分类：日语为"事業仕分け"，原文简称为"仕分け"。指在检查国家预算的过程中，针对是否有必要开展事业活动进行探讨，如有必要，由谁来承担。在此基础上，将此活动细分为"不做"或以"民间、国家、都道府县、市町村"等划分实施。该项工作的目的是消除以往的财政浪费，防止官员相互勾结。(译注)

②　生物质：作为能源或化学、工业原料而利用的生物体。(译注)

介绍的重要性。据柚木所言，他以前为了加深与熟人的关系，还曾和对方一起参加过联谊。虽然这个方法有点出乎我的意料，但如果与熟人的交情能再上一个台阶，也能更容易维持两人的关系。

人生转型的实践者

柚木理雄
（Yunoki Michio）

大学本科与硕士研究生均毕业于京都大学。2008年进入农林水产省，主要从事国际谈判、财会、金融、农地、官民基金、六次产业化以及生物质等方面的工作。2012年12月创设NPO法人艺术家之村，担任理事长一职，主要负责打造社交商务的"Social Business Lab"（包括合租房、联合办公空间、租赁空间）、无公害品牌的精品店"Ethical Pay Forward"、社交志愿者平台"CollaVol"等的运营工作。2017年2月创立Little Japan有限公司，担任董事长CEO一职。主要负责"Little Japan"（连接地方与世界的招待所）、"Hostel Life"（只要交月固定费，就能在全国登录在册的招待所中随便住，时间不限）、"招待所峰会"（全国招待所齐聚一堂）等的运营工作。2019年4月，担任中央大学特任副教授。

有一次，柚木在从事以日本国家整体发展为目标的计划工作时，由于一件意想不到的重大事件，柚木的价值观受到了巨大的冲击。那便是 2011 年的"3·11"日本地震。因为以前在神户也经历过阪神大地震，柚木就想："如果不是以国家公务员的身份，而是以个人的身份，我能不能为社会做点什么呢?"

柚木关注了一些专注发展震后复兴的 NPO，他认为日本需要更多的 NPO，于是便自己成立了"NPO 法人艺术家之村"作为副业。借助之前在不同行业交流会上构建的

"人脉网",柚木收到了来自四面八方的帮助,还召集到了志同道合的小伙伴。另外,身为国家公务员的他,不仅会安排事情,把控流程,还十分熟悉法律相关的文书内容,这些来自本职工作的"综合技能"同样在过程中发挥了重要作用。

艺术家之村最开始的运作方式是在当地举办庆典活动时出摊开铺,但后来柚木又找到一处不动产,便成立了"Social Business Lab"。Social Business Lab 是一栋 5 层建筑,里面有合租房、租赁空间,还有商店。商店本身又是一个新项目,名为"ETHICAL PAY FORWARD"。"ETHICAL PAY FORWARD"是一家精品店,主要从日本及世界各地收集无公害、对社会和环境都比较友好的产品,比如有机栽培产品、公平贸易的相关产品等。

柚木还在"艺术家之村"开展了其他几个项目,这些项目有一个共同点,即全都是为了服务那些四处活动以解决社会问题的 NPO 而生。换句话说,柚木做的这些项目都是帮助 NPO 的 NPO。具体而言,主要是为 NPO 提供活动场所以及接触援助人员的机会。通过上述合作沟通,柚木在 NPO 领域的"人脉网"自然变得越来越广。

不仅如此,借助与志愿者的成员们一起推进项目的经验,柚木还掌握了以价值观或想法打造社区的"知识技能"。从制作网站到法务、会计,大大小小的事柚木都亲力亲为,也从中积累了一套白手起家的经验。当以作为国家公务员学到的经验完全行不通的时候,柚木便塌下心来虚心学习，这一点反倒又变成了他不断行动的动力来源。

柚木一边经营着 NPO 这个小组织，一边以国家公务员的身份做着本职工作。这时的他对社会现行某些管理方式中的弊端提出了质疑。在百般思考过后，他得出了一个结论：希望创造出一个既能让个人或地方以各自独特的方式保持自律活动，又能让彼此互相尊重的社会场景。通过 NPO 活动，柚木的这个想法变得更加强烈了。类似 NPO 这样的小组织，要根据本身需要的场所或时机发挥公共作用，这样可能会更接近自律分散式的社会。除此之外，柚木还意识到了民间企业的重要性——敢于挑战风险，方便开启新业务，他决定要自己创业。

于是他辞掉了农林水产省的公务员工作，创立了 Little Japan 有限公司。副业由一变二，除了运营 NPO，柚木还要打理公司业务。在公司方面，他先是开设了与 Little Japan 有限公司同名的招待所，之后又建立了一个名为 "Hostel Life" 的服务平台。使用该平台的用户只要交月固定费，就能在全国各地的招待所里随便住。借助做 NPO 项目时构建起来的 "人脉网"，柚木不仅找到了出资人，还邀请到了不少朋友成为 Little Japan 的用户，由此，公司业务顺利起航。当初在成立 NPO 时，柚木自己承担了从无到有的全部工作，对此，他也进行了反思总结，并表示："所以这次创业我就采用了分工协作的方法，效果还不错。"

后来在他的运营下，招待所在地方扎根，Hostel Life 反响热烈。柚木由此收到了日本中央大学特任副教授职位的邀请，也接受了这份邀请。听说他现在主要负责研讨会性质的工作——带着学生运用某村的资源，帮助他们创业等。

　　不仅如此，作为至今为止的活动集大成者，柚木在2020 年 9 月开启了共享街区项目。共享街区是住在合租房的"居民"和与之关联的"相关居民"的共同街区。不仅在东京的浅草桥、两国、御徒町、日本桥有咖啡店等实体场所，App 上也设有社区，大家可以在线成为居民。过去柚木创办社区、建立据点、一直在为构建人与人之间的联系而努力，现在这些经验都在为打造街区发挥着重要作用。从他的描述中，我都能感受到他对打造理想街区的渴望——充分利用街道或据点的个性，建立一个互相尊重的自律分散型街区。柚木离开了原有的国家公务员跑道，转型成为一个生活中处处都是村落和街道的人。想必那些对柚木的生活方式有共鸣的人，今天也会围在他的身边，与他一起酝酿新的项目吧。

第 **5** 章

人生转型无止境

有选择，才有价值

正如前几章所述，人生转型将会成为我们人生中不可或缺的思维方式。原因在于，人的寿命越来越长，但同时生活方式的变化频率也在不断加快，我们的人生不是一条路走到黑，而是会在过程中变换不同的生活方式和工作模式。

在理想状态下，人们会通过经验储备"三大积累"，为人生转型做好准备：①能够提供价值的技能集；②广泛多样的人脉网；③以经历为基础的自我理解。如果觉得单靠工作很难储备，我们需要引入前文提到的"六个动作"或贯穿这些动作的"三项行动原理"作为补充。除此之外，还要努力消除阻碍人生转型的"三没"因素。

自日本政府出台改革工作方式以来，日本人对劳动方式的讨论多集中在劳动"时间（长时间工作等）"和"地点（远程办公等）"上。

但相比于这两项因素，更重要的是我们选择的劳动方式能否在储备"三大积累"的同时，消除"三没"。前文引用"有计划的偶然性理论"时也证实过，积累碰到偶然性能帮助我们实现人生转型。如果个人职业生涯八成取决于意想不到的偶然性，那我们就需要把自己置于更容易遇到偶然性的环境当中。

有了"三大积累"后，我们便可以利用它们来寻找相邻可能性。我们走过的职业生涯与一路上的积累，为我们带来了所能选择的临近可能性。换句话说，健康的职业生涯是相邻可能性不断扩大的状态。假如没有任何可供选择的相邻可能性，便意味着我们的职业生涯走入了死胡同，因此才不得不在原地停滞不前。由此可见，**有选择的状态，才是有价值的状态**。

为了让大家对相邻可能性的选择范围有一个直观感受，文中介绍了一款叫作"蜂窝地图"的工具。我们的人生便是在这盘布满六边形框格的棋盘上，不断向相邻的框格（相邻可能性）反复移动（人生转型）。

与此相对，从过去的昭和到平成年间，人们的生活则像是一盘单向的双陆棋盘。**如今步入令和年代，人们的生活方式和价值观越来越多样化，类似"蜂窝地图"这样高**

度灵活的人生观会更适合职业发展。除了选择增多以外，框格的移动方式也千变万化。我们既可以快速切换、四处移动，也可以停留在框格之间的边界线上，同时享受两种乃至多重职业。通过体验多重职业，我们不仅能找到"八大报酬"——包括除金钱以外的其他报酬的平衡点，同时还能投入时间，循序渐进地实现人生转型。

　　反复进行人生转型，能让我们画出自己专属的生命轨迹。这种轨迹独一无二，是世间唯一的存在。那么，当我们反复进行人生转型后，未来又会出现什么样的变化呢？丰富多彩的经验和积累会开拓出不同的工作方式，我想在最后一章，即本章中，从工作方式的角度出发，为大家展示一下未来的模样。

人生转型的最终形态——"四 O"

人生转型要靠"三大积累"来实现。如此说来，反复进行人生转型，我们能积累到各种各样的"知识技能"、"人脉网"和"自我理解"。大家可以思考一下，凭借这些积累的增加，我们可以分别选择什么样的工作方式。我先抛砖引玉，介绍一下自己的思考结果。我将职业类型分成了四类——"章鱼型（Octopus）"、"组织型（Organize）"、"优化型（Optimize）"和"原创型（Original）"。由于四种类型均以字母 O 开头，所以简称为"四 O"。

⬡ 运用知识技能的"章鱼型"

章鱼型（Octopus）属于**运用身经百战积累下的大量知识技能，同时从事多种不同工作的职业类型**，可以说是多重职业的进化版。"章鱼型"不属于"身兼二职"，而是"身兼八职"乃至更多。

比如，我们可以一边经营 App 制作公司，一边开着餐饮店，同时还能以书法家或歌手的身份出道四处活动，顺便兼管 NPO 的运营工作。对于职业类型为章鱼型的人来说，一份工作便是一个项目。实践过一段时间后，他们又会着手于其他工作。如此循环反复，便会积累到更多的知识技能。若将其幻化成形，**就会看到一只八爪鱼正在蜂窝地图的盘面上爬来爬去**。

可能有人觉得这种工作方式培养不了一技之长，不管做什么，最后都是半途而废，其实并不然。相反，如果能全身心地沉浸其中尽情体验，反倒会比任何人更快地掌握相关技能，所以关键还是要看自己是否投入其中。其中的趣与妙，倘若不亲身体验，很难领悟清楚，所以"章鱼型"比较适合敢于尝试新鲜事物、富有好奇心或冒险精神的人。

如何延长职业生涯

当今社会，不管我们想做什么事，都能找到相应的工具来帮我们实现。熟练使用这些工具，我们可以在一定时间内完成专业级别的输出。

比如，哪怕是完全没有经验的人，运用现在先进的视频编辑软件，也能做出过去只有专业人员才能做出的高水准视频，还有一些服务能运用 AI 技术为视频配上合适的音乐。

当然了，作为"业余选手"，虽然我们无法与追求极致的专业人员相媲美，但只要专注活跃于自己感兴趣的领域，不仅竞争相对较小，还有可能在短时间内冲到顶尖水平。以制作视频为例，就有多种缩小领域范围、形成自我特色的方法，比如有人"专做直播"，有人"专拍情侣"，也有人"专用无人机拍摄"等。

在企业战略中，有一种叫作"生态利基战略"，上述方法便与其同理。在商业中，"利基（niche）"可以理解为"缝隙"的意思，就是指市场空白。我们的目标是瞄准空白，让自己成为"第一"或"唯一"。我成为自由职业研究者，其实也属于找准了市场空白。研究工作方式或传播相关内容的人有很多，但我主攻的是自由职业这片空白领域，所以竞争相对较小，工作起来也较为轻松。

即便如此，谁也无法提前知道这份工作是否可以维持生计。就算我们长了八条"章鱼腿"尝试各种工作，假如全军覆没，一个都没做好，最后也只能去喝西北风。那到底应该怎么做才好呢？最关键的是**要将稳定的工作和具有挑战性的工作相结合**。将两成左右的工作作为稳定的收入来源，剩余的八成则用来自我挑战。这样既能有钱维持正常生活，又能应对各种挑战。

职业类型为"章鱼型"的人，可以利用自己的知识技能做任何自己想做的事情。如果你是一个好奇心比较旺盛的人，不妨试一试。

⬡ 利用人脉网的"组织型"

组织型（Organize）属于<u>运用身经百战积累下的大量人脉网，将人与人联系起来</u>的职业类型。跨越各种局限将不同的人联系在一起，会诞生出新的工作或项目。比如，可以将同行业或同职业的人聚在一起举办活动或开办社区，或者在不同行业的人之间穿针引线，促成双方乃至多方合作等。我们可以通过预先签订合同，比如成为人才中介或销售代理，将"牵线搭桥"本身作为工作；如果双方在我们的介绍下促成新的项目，我们也可以亲自参与策划，从而为自己谋得一份新工作。

经由我们介绍产生的联系越有价值，我们与被介绍人的关系就会越紧密。另外，如果能亲自参与策划过程中产生的新项目，通过合作共事，我们与对方之间又会构筑起信赖关系。由此可见，"组织型"工作方式的特点便是**利用人脉网来打通人与人之间的关系，并在此过程中进一步扩大人脉网的范围**。

如何延长职业生涯

但是，我们能一直与许多人都保持联系吗？我想应该还是有一定限度的。事实上，根据英国人类学家罗宾·邓巴（Robin Dunbar）的推算，人类能够维持稳定社会关系的人数有一个上限值。据说，灵长类动物的大脑大小与平均群落的大小之间存在某种关联，根据人脑的大小推算得出，该上限值为 150 人左右，这个数字被称为"邓巴数"。

换言之，即便我们遇到再多的人，能维持的人际关系也都在 150 人左右。不过，有些人哪怕没有一直联系，只要我们还记得对方，就能与对方再次建立联系。如果算上这些联系比较少的人际关系，我们能运用的人脉网规模应该会更大。这里我想强调一点，人脉网的建立和运用，不用完全依赖人类的记忆。在 SNS 上与人保持联系，必要时亮出自己的需求，表明自己想要做什么，如果能借此树立旗帜招兵买马，便又是一个可以利用的人脉网。此外，如果我们把迄今为止遇到的人整理成一份可检索的名单，或许能得到一个由数千甚至数万人组成的人脉网。

对职业类型为"组织型"的人而言，最关键的是要定期与人保持沟通，倾听对方的需求。如果不了解对方的需求，我们就无法有效整合资源，将合适的人匹配到一起。只有介绍了"对"的人，或者将有相同需求的人聚集在一起建立社区，才会在其中孕育出价值。

将人与人联系在一起属于一时之举，建立社区则是一个长期项目，需要付出持久的努力和汗水。要想充分利用好自己的人脉网，最重要的一点就是平衡上述两者之间的关系。**在短期内打通人脉关系，长期发展，形成社区，最后再获取相应回报**。只有这样维持平衡，才能持续稳定地将人脉顺延发展下去。

由此可见，采用组织型的工作方式，我们可以利用自己的人脉网，选择为自己喜欢的人工作或与其合作。如果你乐于与人互动，不妨可以尝试一下。

◇ 擅用自我理解的"优化型"

优化型（Optimize）属于**运用经验积累的深刻自我理解，为自己实现最佳工作方式的职业类型**。章鱼型和组织型主要追求更多的知识技能或人脉网，一般会给人以分散式撒网的感觉，而优化型与之相反，工作方式属于聚焦式发展。不需要的东西全部丢弃，只留下能让自己感到幸福的最基本要素。有一种生活方式叫作"极简主义"，即用最少的必需品来生活，将此概念运用到职业方面，便是优化型给人的具体印象。

只要明白自己想要什么，就等于知道自己赚多少钱便能满足自我需求，所以工作也无须超过这个最低限度，更不用说长时间工作，二者完全不沾边。把自己想做的部分工作好，余下的时光便都是闲暇，可以尽情享受生活的充实，比如陪伴家人，一个人静静地读书，和友人一起外出露营等，将时间花在能带来幸福感的事情上。

如何延长职业生涯

不知大家对 PERMA 模型是否还有印象。之前我曾在第 2 章中提到过幸福生活离不开五种因素，取各自英文首字母，便是 PERMA 模型的由来。一般来说，自我理解越深刻，就越清楚哪些因素对自己的幸福而言更重要。如果是积极情绪（Positive emotion）很重要，那就做一些令自己开心或有趣的事情；如果是"投入（Engagement）"不可或缺，那就做一些能让自己全身心沉浸其中的事情。自我认知越深刻，彷徨和迷茫也会相对越少。

不过，**即便只做最低限度的工作，也不能忘记为自己之后的人生转型做好准备**。

不管是工作经验也好，还是其他六个动作也罢，职业类型为优化型的人会从中提取自己所需要的最低限度的部分加以组合优化，从而储备"三大积累"，为未来的人生转型铺路。

从介绍"未来工作方式"的角度来说，优化型未免显得太过普通，毕竟我们讲的是反复进行人生转型之后的未来。但即便是这样平淡无奇的工作方式，倘若没有对自己清晰的认知，也不会得出如此明确的结果。虽然看似平凡，选择这条路的本人却往往心满意足。或许对许多人来说，理想的工作方式就是这么简单。

由此可见，选择优化型的工作方式，我们可以根据对自我的认知和理解，优化时间分配，合理有效地利用时间。如果你性格比较内向，或者经常内省，或许可以以此为目标试一试。

◈ 集三大积累于一体的"原创型"

原创型（Organize）属于**通过全面调动"三大积累"实现自我发展的职业类型，该工作方式极具个人特色，他人无法效仿**。世界上没有两片完全相同的树叶，每个人的转型轨迹都会孕育出其各自的独特性，正因为不可复制，所以其中的过程变化也万般多样。

其实，一路走来，我遇到过许多职业类型为原创型的人。每次结缘相识，他们总会为我带来意想不到的"惊喜"——"原来还能这么工作！"

职业类型属于原创型的人，即便想注册普通的众包服务，由于没有相应的职业类别选项，最后也只能选择"其他"。像这样的少数群体，除非自身是很有影响力的"网红"，否则很难被大众熟知。为了让更多的人知道他们，我之前还举办过几次活动，目的就是希望与会者们能对职业的多样性有所了解。倘若有人因此而萌发出新的想法——"或许我也能选择一个更加适合我的职业！"并付诸实践，哪怕只有一个人，我也觉得非常值得。

活动名为"新型工作图鉴"，分别于 2018 年 11 月和

2019 年 11 月举办，在当时均取得了圆满成功。河源预先生
与我们一起策划了这个项目。

　　不管在什么场合下，河源预先生总会创造机会让人们
认识彼此，他本人也经常以"社区加速器"的身份开展工
作。从这个独一无二的头衔中就可以看出，河源预先生的
职业类型属于原创型。他之前在"Tokyo Culture Culture"
操刀活动，2020 年春天自立门户，创设了一个基尔特制的
团队"Potage"。

　　我们与河原预先生合作的"新型工作图鉴"活动吸引
了形形色色的嘉宾。以下是嘉宾的职业名称（活动当时）。

　　妄想工作家/玩具创造者/爱情顾问/涂鸦指导/会战顾
问/多元创业家/出差零食妈妈/播客（Podcast）制作
人/跨境自由职业者/流浪调酒师/教师学校主创人/招
待所"Little Japan"老板/工作方式设计指导/无人机
飞行员/job★mixer/Chief Culture Officer（CCO）/乌冬
面艺术家/结缘日本第一的出差调酒师/奇人猎手/国歌
自动点唱人

　　每位嘉宾的头衔都独具个性，单是看着这些身份名称
便让人莫名兴奋不已。这里我选取了 3 位嘉宾的人生经历，

向大家介绍一下他们是如何改变生活方式并以现在的身份开展工作的。

玩具创造者：高桥晋平

第一位是"玩具创造者"高桥晋平。提到高桥晋平，世人对他的介绍大多是玩具"∞（无限）Bubble Wrap"之父。目前该款玩具的总销量已超过 300 万件。如今的他更是多栖发展，从事各种不同的工作，比如他除了亲自策划和销售玩具，还会组织创意研讨会，讨论玩具研发过程中获得的灵感，有时还会利用游戏创意帮助企业开展 PR 工作等。当年在玩具制造公司工作的时候，高桥便领悟到了玩具开发的精髓，即"创意的趣味性"与"畅销"两相兼得。独到的见识格局和在制造公司工作的各种经验积累为他的人生转型铺就了道路，通过独立创业，高桥为自己找到了最为适合的工作身份——玩具创造者。

国歌自动点唱人：本间健太郎

第二位是"国歌自动点唱人"本间健太郎。他出场时穿了一身绘有世界各国国旗的服装。本间可以演唱世界各国的国歌，与他的那身行头可谓相得益彰。本间真正开始熟记国歌是在 2003 年左右，经过十几年的努力，现在正式以"国歌自动点唱人"的身份开展各种活动。听说他以前在电影制作公司工作，后又移居淡路岛务农，还在表演队里待过，总之在各个领域都积累了不少经验。我想，正因为有这些经验的帮助，他才最终实现了人生转型，成为如今的国歌自动点唱人。

乌冬面艺术家：小野乌冬

第三位是"乌冬面艺术家"小野乌冬。作为一名乌冬面手工技师，小野不仅拥有熟练精湛的做面技艺，还能在此基础上搭配音乐，现场表演制作乌冬面的过程。他曾经辗转多家门店，做了 3 年门徒后自立门户，并决心要打造出一种独一无二的做面风格。因为自己上学时曾组过乐队，于是便顺着这条思路想出了搭配音乐制作乌冬面的点子，由此便形成了独特而又迷人的小野乌冬式制面风格。小野乌冬能转型成为乌冬面艺术家，是因为他一有对乌冬面的修行经历，二在乐队玩过音乐，可以说这也是一个由经验积累而成功实现人生转型的案例。

现场还有其他非常有魅力的嘉宾，很遗憾不能在这里一一为大家介绍。"新型工作图鉴"活动的召开让许多嘉宾集聚一堂，大家彼此分享着各自的人生经历，也让我们看到了更为多样的转型轨迹。作为组织者，当听到嘉宾们那一句句"我才知道竟然还有这种活法"的感叹时，我记得自己在心里摆出了一个胜利的姿势。

通过举办这次活动，我再次明确了两件事：①职业其实是多元化的；②人生转型需要积累。**职业类型为原创型的人开启新跑道也不是突然之举，他们的独特身份更不是半路"天降"而来的。正因为有前期的铺垫积累，他们才能抓住偶然机会，以新的身份进行转型。**

时刻为下一次人生转型做准备

时代在更迭，昭和与平成已成为过去，如今我们来到了令和时代。正是站在这样一个新时代的节点，我们才需要新的人生观和职业观，也是基于这个想法，我对人生转型做了相关介绍。和普通的职业论相比，本书提到的内容相对简单，也更适合长期发展。虽然没有立竿见影的效果，但从长远来看，这些思考方式应该都会对各位有所帮助。

令和新时代，一开幕便是浓墨重彩的阴郁。我在书中也多次提到过 COVID-19，新冠肺炎疫情的蔓延对社会造成了巨大冲击，影响了许多人的生活，到现在仍是如此。在撰写本书时（2021 年 1 月），全球死亡人数已经超过 200 万，各国之间的冲突和分歧愈演愈烈，企业业绩低迷，每个人的经济状况和精神健康状态也都在不断恶化。

尽管如此，我想大家作为本书的读者，肯定都对经验的重要性了然于心。面对此次新冠肺炎疫情，虽然有些被逼无奈，但通过对全新日常生活和工作方式的反复试错，我们也磨炼出了相关技能。因为要保持社交距离，我们便在线上结识各种各样的人，通过互帮互助，建立起一个与以往截然不同的"人脉网"。此外，借着居家生活的机会，我们思考的时间变多了，有时还需要自己处理许多困难情况，这个过程又帮助我们加深了自我理解。

如此一来，不管是消极的遭遇也好，还是积极的事情也罢，一切便都成了"经验"。吞下这些酸甜苦辣，将其化作自己的血肉，说不定某一天它们就会破茧而出成为你的力量。重要的是无论发生什么，都要记住从中吸取教训，永远朝前看。如果能有这种心态，即便你身处"困境"，可能也会视其为"挑战"，从而积极正向地将问题解决。再者，哪怕"失败"了，也会将其作为一种"实验"结果而坦然接受。

至于什么时候以及如何利用这些积累的经验，完全取决于你自己。毕竟人生转型发生的时机和原因都因人而异。也许是几个月后，也许是几年后，但我建议不要拖太久。大家可以想象一下，自己在退休后才进行人生第一次转型会是什么情况。当然不是说绝不可能成功，但肯定会给自己造成很大的心理负担。倘若一直逃避微小的变动，最后很可能就会将自己逼到不得不做出重大改变的局面。因此，我们要从现在开始就积极体验人生转型，不论年龄几何，当下的行动最为关键。

关于能否成功转型，其实大家也不用太过担心，因为八成都是由偶然性决定的。至于剩下的两成，我们能做的就是尽情享受这段经历。从过往经历中储备到"三大积累"后，按照三项行动原理中提到的方法，先尝试，再逐步改善，最后为他人服务，这样就能为下一次的人生转型做好准备。经过反复循环经验积累和人生转型，慢慢地我们就会领悟到，原来自己当下做的每一件事都与未来息息相关。

如此循序渐进，我们会发现一切都是有意义的，不管遇到什么事，都能坦然积极地解决处理，乐观地向前看。没有人知道人生转型的终点在何方——这也是我觉得有趣的原因。期待有朝一日能和大家在人生转型的拐角点相遇。

转型案例⑤

树立旗帜，通过结识新人创造工作和项目

—— "工作方式的布道者"

"Tokyo Work Design Week（以下简称 TWDW）"是日本最大的"工作方式盛典"，最近还开设了海外专场，它的组织者横石崇也因此被大众熟知。四年前我曾有缘采访过一次横石，而后又有幸多次在 TWDW 登台演讲，但我们两个人很久没有像这样好好地聊过了。四年前，横石创办了自家公司"&Co. 股份有限公司"，我以为这就是他最重要的人生转型了，但在本次采访中，我才得知其实他在另一个时期还经历过一次重大转折。

因为喜欢与富有创意且有趣的人共事，横石先是投身于一家电视台集团公司，后来利用工作掌握的策划和制作技能跳槽到了一家广告公司。在第二家公司，他作为广告策划的制作人，开始涉足数字媒体领域的工作。25 岁之后成为该家公司的董事，手下管理有 50 人左右，经手的工作规模都较为庞大，动辄便是使用巨额预算向数千万人传递信息。通过这份工作，他的自信心越来越强，甚至觉得自己无所不能。然而就在此时，发生了"3·11"东日本大地震，面对这场灾难，他才深切地认识到"原来自己什么都做不了"。

人生转型的
实践者

横石崇
（Yokoishi Takashi）

&Co. 股份有限公司董事长。"Tokyo Work Design Week（东京工作设计周）"的组织者。1978 年出生于大阪，毕业于多摩美术大学。先后在广告代理公司和人力资源咨询公司工作，后于 2016 年成立了 &Co. 股份有限公司，出任品牌开发和组织开发的项目制作人。曾共计动员 3 万人参加日本最大的工作方式盛典活动——"Tokyo Work Design Week"。镰仓集体办公室"北条SANCI"的经理人。法政大学职业设计学部的客座讲师。

　　这次地震彻底撼动了自以为无所不能的横石，一股强烈的无力感迅速爬满他的全身。的确，对于受灾民众而言，数字媒体几乎什么忙都帮不上。

　　而且他已经在广告商业领域摸爬滚打了 10 年，对整个行业的情况也都了解得八九不离十，所以也觉得自己是时候应该有所突破了。原本就想接下来挑战广告行业以外的商业模式，再加上当时震灾对自己造成的心境影响，横石决定不再担任广告公司的董事职务。当时很多人都不理解他的做法，毕竟横石所在的这家公司是每一个广告人梦寐以求的理想公司，明明都已经做到董事高层的职位，怎么偏偏就选择了离职？但横石还是坚持了自己的想法，义无反顾地离开。之后，又与熟悉人力资源市场的同事共同创办了一家猎头公司。

　　由数字媒体转向模拟面对面交流，由接触数千万人的广告业务转变为动员一个人的招聘业务，不得不说这是一个重大的人生转型。原本横石就喜欢有创意的人，在引进人才时，也会选择创新型的高级人才。他在广告业获得的市场营销和产出创意的"知识技能"在发展业务阶段发挥了重要作用。身处猎头行业，他不断结识新人，扩大"人脉网"，引进和匹配符合企业需要的人才。随着有更多机会深入了解客户公司的组织问题，横石又习得了一套组织管理的"综合技能"。

然而，这时横石又意识到一个问题。由于猎头行业本身的商业模式是收取跳槽对象年薪的30%作为报酬，他感觉这个做法跟自己的观念有些合不来。归根到底，自己所做的工作不过就是转移价值，而非创造价值。另外，和广告行业一样，在猎头行业里工作也绕不开体制和商业惯例，这一点就让他更不舒服了。要想推进业务，只能在体制固定的框架里进行，这跟从菜单里选菜有什么两样？那就不用非得自己来做这份工作，换其他人也照样能行。就这样，横石对自己有了新的"自我理解"——"在体制外创造新事物才是我真正想做的事"。

要想在猎头行业实现创新，就必须打破行业本身或工作方式的固有观念。于是横石萌生了一个想法，他想要更多地了解活跃在当下第一线的人和心有烦恼的人——他们究竟在以怎样的形式工作着，又对未来有着怎样的构想呢？与横石之前在广告行业中运用的数字媒体完全相反，他打算举办一种面对面的模拟活动，就这样，TWDW应运而生。

TWDW是一个为期一周的活动，主题基调为"全新的工作方式"或"未来公司"。自2013年起每年举办一届，现已成为亚洲顶尖的"工作方式盛典"之一，吸引了国内外 3 万余名嘉宾参加。每次活动都会来许多"变革者"，大家或一起会谈，或举办研讨会。策划这个活动时，横石不仅用上了在广告行业掌握的"知识技能"，比如统合整理资料、剪辑制作，还将在猎头行业学到的组织技能发挥得淋漓尽致。除此之外，演讲嘉宾和参会人员也都来自之前打造的创新型人才"人脉网"。

看似是通过举办 TWDW 打造了一个由许多演讲嘉宾或参会人员构成的"人脉网"，但横石注意到，这个人脉网的性质与他在广告行业时的完全不同。于是我便问他在广告行业时是什么感觉，他说："当时我身边能聚起那么多人，纯粹是因为我身上挂着著名广告公司的招牌，以及一个企业高管的头衔，现在大家基本都没有联系了。"相反，自从组织了 TWDW 并以个人身份树立旗帜后，有很多人观旗而来，自然而然地聚于旗下。当摘掉所谓的招牌与头衔，以"个人"身份与他人相识，这种人际关系反倒会维持得更久。换句话说，最重要的还是要了解自己，知道自己想做什么，将自我主张作为旗帜表达出来，这样才能自然形成一个长久的"人脉网"。

就这样，通过 TWDW，横石不仅获得了如何树立鲜明旗帜的"知识技能"，还扩大了自己的"人脉网"，与更多富有创意又有趣的人产生了联系，同时也看清了内心，对自己有了较为深刻的"自我理解"，即喜欢与这些有新意又好玩的人一起创造新事物。

之后，横石新创办了一家名为"&Co."的一人公司，因为他意识到"自己并不适合做在体制内扩大规模的业务"。在广告和猎头行业工作的经验以及举办TWDW的经历告诉他，或许自己更适合个人化的工作方式。他既不设定目标，也不做任何规划，公司做得十分精简，平常接的业务也都是需要小公司才能做到的事情。

顺便说一下，公司名称"&Co."与Tiffany & Co.中的"&Co."含义相同，即"（蒂芙尼和他的）朋友们"，包含了"希望能成为某人的第一个朋友"的心愿。

因此，工作内容也因合作伙伴而异。感觉他的公司就像是一个容器，只要感觉合适，什么都能装。

横石一般会根据以下观点来判断是否与人合作：这项活动是否在体制外，哪怕规模再小，能否通过新举措对社会有所改变。此外，他还会思考自己的参与有没有意义。合作对象不同，所做的事情也会千差万别，意料之外的联系也会随之增多。

最近，他又摇身一变成为一名经理，负责一家名为"北条SANCI"集体办公室（邀请制共享办公室）的运营管理工作。这个想法来自他与其他创意伙伴闲聊时出现的一个问题："我们真的需要办公室吗？"工作方式在不断发生变化，如果今后人们工作都是以项目的形式进行，项目启动人相聚，项目结束人解散，那办公室还有什么作用？为了进行实验，他在镰仓找了一处房产，开始招募公司进驻。这是一个与工作方式相关的实验，也是横石招兵买马的树旗方式，我想，不管最后人们怎么在旗下相聚，横石总会有他独到的处理方式。

回首这次采访，给我印象最深的便是横石的"自我理解"，从自我价值观、直觉到观念不合的不舒服，横石对自己的认知非常明确。此外，作为一种"知识技能"，他特别重视树立旗帜，这一点从举办活动、创造就业机会和搭设场所中均有所体现。"自我理解"越深刻，树立的旗帜就越鲜明，能聚集起来的人也就越多。采访中他无意之间说的一句话似乎能概括树立旗帜的重要性："人际关系不是人为制造出来的，而是自然形成的。"

横石除了著有《未来我们的工作方式》(早川书房出版社，2017 年)、《自我介绍 2.0》(KADOKAWA 出版社，2019 年) 等书籍，负责一些连载文章，同时还在大学里授课。我想，今后的他肯定会继续与各界朋友高举各种旗帜，在打造新型工作方式这条路上越走越远。横石下一次人生转型又会是什么样的呢？我很期待。

结　语

人生转型，意味着我们要涉足未知的领域。面对不同于过去的生活方式和工作方式，或许你会心有不安。正因为如此，我们才需要提前做好准备，用经验积累来武装自己。只有在过去的基础上站稳脚跟，才能迈出新的一步。

在本书中，我提出了"人生转型"的概念，这是一种可受用一生的思维方式。当然最重要的一点还是要将理论付诸实践，或许无法立竿见影，但日积跬步，一年后说不定就会发生巨大的转变。

本书是在许多人的帮助下完成的。感谢每个向我寻求职业建议的人，多亏与诸位进行交流，我才在脑海深处种下了人生转型这一概念的种子。

特别感谢"民以'论'为天"的各位同人，因为许多人都有自己独特的职业生涯，我在写作时脑海中总是会浮现出大家独特的生活方式，感谢各位为我提供了源源不断的写作灵感。还要感谢接受我采访的押切加奈子小姐、岩本友规先生、三原菜央小姐、柚木理雄先生和横石崇先生。正是因为与这些人生转型的实践者展开对话，我才越来越

260

坚信这个概念的有效性。希望未来还能与各位合作。我还要感谢我的编辑，今村享嗣老师和远山怜老师。企划本身也会出现各种"转折点"，得益于二位在写作和结构方面给予的建议，技艺生疏的我才能完成这本书。

此外，还要感谢我的妻子，爱深。你的存在是我的力量。我的生命里充满了人生转型，正因为有你的支持，我才走到了今天。

最后，我还想感谢各位读者。一本书只有在被阅读的时候才有意义，非常感谢大家能读到这里。在这里我想拜托大家一件事，人生转型这一概念仍处于起步阶段，未来还需要更新改进。

为此，如果您对本书有任何想法，请一定要告诉我，我会尽我所能回复大家在 SNS 上发布的分享内容。发布 SNS 时请记得带上"#人生转型"的标签，这样能帮助我更容易找到您。欢迎各位使用本书中的蜂窝地图组织研讨会和讲座活动，感兴趣的朋友可以发邮件联系我。

邮箱地址：chlorine0528@gmail.com

希望我能以本书为契机，与更多的朋友展开对话交流。

2021 年 1 月　黑田悠介

作者简介

黑田悠介

　　2004 年进入东京大学理科一类①学习，后对心理学产生兴趣而转学文学。2008 年毕业于东京大学文学系。在两家风险公司工作后，2011 年开始创业，2012 年加入 SLOGAN 株式会社。两年中，作为职业顾问与数百名求职学生就职业生涯进行交流，并感受到了将思考语言化的有趣之处和解决问题的效果。2015 年 8 月以自由职业者的身份自立门户，作为"讨论伙伴"支援了约 100 家企业。2017 年，黑田直觉感受到"社区时代"是对过度的"个人时代"的反应，于 2 月成立了自由职业者社区 FreelanceNow，11 月份建立了鼓励大家讨论的社区"民以'论'为天"。"民以'论'为天"的成员有 200 人。每个月举办 20 场左右的讨论活动，主题和参与者各不相同。截至目前，已举办活动 300 余场，累计参与人数 6000 余人。合作对象涉及创业公司、大型企业，行政、社区等多个领域，约 120 个团体。

---

　　①　"东京大学理科一类"的正式名称是"教养学部前期课程理科一类"。教养学部是指前期课程中六个科类之一。希望专攻化学、物理、数学或工程的学生往往申请理科一类。

图字：01-2022-0820 号

LIFEPIVOT: JUOUMUJIN NI MIRAI WO EGAKU JINSEI 100NEN JIDAI NO TENSHIN-JUTSU by Yusuke Kuroda
Copyright © Yusuke Kuroda, 2021
All rights reserved.
Original Japanese edition published by Impress Corporation.

This Simplified Chinese language edition published by arrangement with Impress Corporation, Tokyo in care of Tuttle-Mori Agency, Inc., Tokyo
through Hanhe International (HK) Co.,Ltd.

图书在版编目（CIP）数据

换一条赛道，变现：个人版／（日）黑田悠介 著；杨晓琳 译. —北京：东方出版社，2023.4
ISBN 978-7-5207-2750-1

Ⅰ.①换… Ⅱ.①黑… ②杨… Ⅲ.①职业选择—通俗读物 Ⅳ.①C913.2-49

中国版本图书馆 CIP 数据核字（2022）第 060006 号

换一条赛道，变现（个人版）
【HUAN YITIAO SAIDAO, BIANXIAN（GEREN BAN）】

作　　者：[日] 黑田悠介
译　　者：杨晓琳
责任编辑：吕媛媛
责任审校：金学勇　曾庆全
出　　版：东方出版社
发　　行：人民东方出版传媒有限公司
地　　址：北京市东城区朝阳门内大街 166 号
邮　　编：100010
印　　刷：北京汇林印务有限公司
版　　次：2023 年 4 月第 1 版
印　　次：2023 年 4 月第 1 次印刷
开　　本：787 毫米×1092 毫米　1/32
印　　张：9.125
字　　数：139 千字
书　　号：ISBN 978-7-5207-2750-1
定　　价：69.80 元
发行电话：(010) 85924663　85924644　85924641
